Hans Egede

## Missionäre und Bischofes in Grönland,

Beschreibung und Natur-Geschichte von Grönland

D1639915

Hans Egede

**Missionäre und Bischofes in Grönland,**
*Beschreibung und Natur-Geschichte von Grönland*

ISBN/EAN: 9783743386341

Hergestellt in Europa, USA, Kanada, Australien, Japan

Cover: Foto ©ninafisch / pixelio.de

Manufactured and distributed by brebook publishing software (www.brebook.com)

Hans Egede

**Missionäre und Bischofes in Grönland,**

Herrn Hans Egede,

Mißionärs und Bischofes in Grönland,

Beschreibung

und

# Natur = Geschichte

von

# Grönland,

übersetzet

von

D. Joh. Ge. Krünitz.

Mit Kupfern.

Berlin,
verlegts August Mylius.
1 7 6 3.

## Vorbericht des Uebersetzers.

So wenig Nachrichten und Beschreibungen überhaupt, und
zuverläßige insonderheit, man
bisher von den gegen den
Nordpol unbekannten Ländern, und besonders von Grönland, hat, so angenehm muß
den Liebhabern der Weltbeschreibung, und Naturgeschichte, das Werk, welches uns Herr
Egede, der sich funfzehn Jahre lang, als
Mißionär in Grönland aufgehalten, von diesem merkwürdigen Lande geliefert hat, und
ohne Zweifel auch gegenwärtige Uebersetzung,
seyn.

Die vorzüglichste Schriften von Grönland
sind bisher folgende gewesen:

Joh.

Joh. Anderſon Nachrichten von Jsland, Grönland, und d. Straſſe Davis, welche zu Hamb. 1746 auch zu Frkf. u. Lpz. 1747
in 8. herauégekommen ſind, u. ſich etwas ſelten
gemacht haben. Eine franzöſiſche Ueberſetzung
derſelben, unter dem Titul: *Hiſtoire naturelle
de l'Islande, du Grœnland, du Détroit de Davis, & d'autres pays ſitués ſous le Nord,
traduite de l'allemand de Mr. Anderſon*, trat
zu Paris 1750 in 2 Octavbänden an das
Licht; von denen der zweyte im Nouvelliſte
œconomique & litteraire, To. 1. pour les
mois de Juill. & d'Aout 1754, S. 142-
150. deégl. im Extrait de la litterature de
ce tems, To. I. P. 3. à Merſebourg, 1754.
8vo. S. 204-222. recenſirt wird.

*LARS DALAGER Grœnlandſke Relatio-
ner*, welche zu Kopenhagen 1758 auf 116
Quartſeiten gedruckt worden, werden im 3ten
St. des II. Bandes der fortgeſetzten Nach-
richten von dem Zuſtande der Wiſſenſch. und
Künſte in den Kön. Däniſchen Reichen und
Ländern, Kopenh. und Leipz. 1762. 8. S.
217-227. recenſirt.

*An account of ſeveral late voyages and diſ-
coveries to the South and North, towards the
Streights of Magellan, the South Seas, the vaſt
Tracts of Land, beyond Hollandia Nova &c.*
                                        alſo

*alſo towards Nova Zembla, Greenland or Spitz-berg, Groynland or Engronland &c. by Sir JOHN NARBOROUGH, Capt. JASMEN TASMAN, Capt. JOHN WOOD, and FREDERIK MARTEN of Hamburgh.* To which *are annexed a large introduction and supplement: the whole illuſtrated with Charts and Figures,* erſchien zu Londen 1694 in 8v. und wird im XVIII. Bande der Philoſophical Transactions, for the year 1694. Numb. 211. S. 166-168. recenſiret.

*A Query propoſed to ſuch curious perſons, as uſe the Greenland Trade, occaſioned by the annexed letter from Mr. DAV. NICOLSON, whether the Scurvy-graſs of Greenland be the ſame ſpecies, as to its external appearance, with the common Scurvy-Graſs of England? and, having no acrid Taſte, while growing in Greenland, doth it being brought growing in Earth from Greenland, gradually acquire an acrid Taſte, as it is brought into a warmer Climate?* ſt. im I. Th. des XLII. Bandes der Philoſoph. Transact. Numb. 456. for Jan. Febr. March, Apr. M. and June 1740. S. 317. f.

Cornel. Gisbert Zorgdragers Beſchreibung des Grönländiſchen Wallfiſchfangs und Fiſcherey, nebſt einer gründlichen Nachricht von dem Bakkeijau- und

Stock-

1740 zu Hamburg in 4. auf 1 Alph. 15 B. unter folgender Aufschrift: Ausführliche und wahrhafte Nachricht vom Anfange und Fortgange der Grönländischen Mißion, wobey die Beschaffenheit des Landes sowohl, als auch die Gebräuche und Lebensarten der Einwohner beschrieben werden, getreulich angemerkt u. aufgezeichnet von Hans Egede, ehemahligen Lehrer des Wortes Gottes bey der Gemeine zu Wogen in Norwegen, und nachmahligen Königl. Dänis. Mißionario in Grönland.

Die hier und da vorkommende Grönländische Benennungen, welche Herr Egede in seiner Sprache, und auch der franzöf. Uebersetzer beybehalten haben, haben in Ermangelung eines Grönländischen Wörterbuches von mir nicht übersetzt werden können.

Die unter vorgesetzten Sternchen unter dem Texte befindliche Anmerkungen schreiben sich von dem Verfasser des Werkes selbst her; und die von mir unter Vorsetzung lateinischer Buchstaben hinzugefügte litterarische Anmerkungen, werden hoffentlich dem geneigten Leser nicht gänzlich unangenehm seyn.  Berlin, den 29. Aug. 1763.

Innhalt

# Innhalt des Werkes.

Blatt.

Einleitung zu der Beschreibung von Grönland  =  1

Das 1ste Cap. Von der Lage und Beschaffenheit
Grönlandes  =  =  =  =  29

Das 2te Cap. Von dem ersten Anbau Grönlandes, nebst einer den Untergang der alten
Norwegischen Colonien betreffenden Meynung. Ob auf der östlichen Seite dieses
Landes nicht noch einige Ueberbleibsel derer alten Norweger gefunden werden,
und ob selbiger District nicht wieder entdeckt werden könne?  =  =  =  35

Das 3te Cap. Von der Fruchtbarkeit und denen
Produkten Grönlandes, nebst denen daselbst anzutreffenden Metallen und Mineralien  =  =  =  =  =  66

Das 4te Cap. Von dem Zustande und der Beschaffenheit des Himmels und der Luft  75

Das 5te Cap. Was man für Arten von Landthieren und Vögeln in Grönland antreffe; und wie die Grönländer dieselbe jagen und schiessen  =  =  =  83

Das 6te Cap. Von den Thieren, Fischen, Vögeln, u. s. f. welche sich in den Grönländischen Meeren finden  =  =  89

Das 7te Cap. Von den Beschäftigungen der
Grönländer, ihrer Art sich zu ernähren,

ihren

Blatt.

ihren Zubereitungen dazu, und ihrem
Hausrathe                                    123

Das 8te Cap. Von den Landes-Einwohnern; den
Oertern, wo sie sich aufhalten; und ihren
Wohnungen                              136

Das 9te Cap. Von der Natur und Leibesgestalt
der Grönländer, desgleichen ihrer Leibes-
Beschaffenheit, vnd Gemüthsneigung   141

Das 10te Cap. Von der angebornen Eigenschaft,
und den Sitten der Grönländer        144

Das 11te Cap. Von der Kleidung der Grönländer   150

Das 12te Cap. Von dem Essen derer Grönländer, und der Art, wie sie selbiges zu-
richten                                       154

Das 13te Cap. Von denen Heuraten derer Grönländer, und von der Erziehung ihrer
Kinder                                       159

Das 14te Cap. Auf was für Art die Grönländer
ihre Todten begraben und beweinen    167

Das 15te Cap. Von den Spielen, Lustbarkeiten,
und der Dichtkunst der Grönländer    170

Das 16te Cap. Von der Sprache derer Grönländer                                       180

Das 17te Cap. Von dem Handel nach Grönland; und ob man selbigen mit einigem
Vortheil treiben könne                   193

Das 18te Cap. Von der Religion derer Grönländer.

länder, oder vielmehr ihrem mannigfalti-
gen Aberglauben          197

Das 19te Cap. Von der Sternkunde der Grönländer; oder der Vorstellung, die sie von
dem Lichte des Himmels, und dessen Ursprunge haben            217

Das 20ste Cap. Von der Fähigkeit und Geschicklichkeit des Verstandes der Grönländer
zur Erkenntniß des wahren Gottes, und
zur Begreifung der Christlichen Lehre; wie
auch von der Art, selbige dazu noch geschickter zu machen          224

Zustand der Dänischen Colonien in Grönland, im
Brachmonathe 1762          234

Ver-

# Verzeichniß der Kupfertafeln.

I. Karte von Grönland = zur 29. Blatf.

II. Pflanzen = = = 69 =

III. Jagd der Erdthiere und Vögel 85 =

IV. Wallfisch, Finfisch, Hayfisch
und Schwerdfisch = 89 =

V. Einhorn, Weißfisch = = 98 =

VI. Klapmütze, Spraglet, Svart-
siide = = = = 107 =

VII. Wallfischfang = = 125 =

VIII. Art, die Seehunde zu fangen = = = = 127 =

IX. Wohnungen der Grönländer 137 =

X. Heuraten der Grönländer 159 =

XI. Spiele der Grönländer 178 =

# Einleitung

## zu der
## Beschreibung von Grönland.

Ich kann unmöglich an meine erstern Einfälle, und die zu allererst vorgekehrte Anstalten, welche auf eine neue Entdeckung Grönlandes gegangen, gedenken, ohne die Wege der göttlichen Vorsehung, welche alle unsere Anschläge nach ihrem Willen einrichtet, zu bewundern. Denn, ich kann nicht läugnen, daß mein Vorhaben anfänglich, mehr auf die Befriedigung einer blossen Neugierigkeit nach den gegenwärtigen Zustand des Landes, als auf die Ausbreitung der Erkenntniß Gottes und Jesu Christi unter denen Grönländern, gerichtet gewesen.

Im Jahre 1708, etwas länger als ein Jahr nachher, da ich den Ruf zu dem geistlichen Amte,

A      als

als Prediger bey der Kirche zu Vogen, in Nordland, erhalten hatte, erinnerte ich mich, in einer
gewissen Beschreibung von Norwegen gelesen
zu haben, daß Grönland vormahls von Norwegischen Colonien besetzt gewesen, und daß man
daselbst Kirchen und Klöster errichtet gehabt. Bey
denen Schiffern, welche auf den Wallfischfang
ausgiengen, befragte ich mich dieserhalb vergeblich; denn, sie konnten mir nicht die geringste nä-
here Nachricht darüber ertheilen. Dieses veranlaßte in mir die Begierde, zu wissen, ob noch einige Fußstapfen von diesen alten Christen vorhanden seyn mögten, daß ich daher Gelegenheit nahm,
im Jahre 1709 an einen meiner Verwandten in
Bergen zu schreiben, welcher eine Reise zur See
nach Grönland gethan hatte, und ihn um Mittheilung aller davon nur aufzutreiben möglichen
Nachrichten zu ersuchen. Worüber ich folgendes
zur Antwort erhielt: „Daß dasjenige Grönland,
„welches unsere sowohl, als verschiedener Völker
„Schiffe besucheten, und welches eigentlich den Na-
„men Spitzbergen führete, ohngefehr unter dem
„achtzigsten Grade Norder-Breite liege, und un-
„bewohnt sey: in dem vom sechzigsten, bis zum
„vier und siebenzigsten Grade bekannten südlichen
„Grönlande hingegen, welches die Stræt Da-
„vis genannt wird, wilde Menschen angetroffen
„würden. Was aber den östlichen Theil von
„Grönland, welcher Island gegen über liegt,
„und woselbst sich vor Alters Norwegische Colo-
„nien niedergelassen, betreffe, so könne man heut
„zu Tage, wegen der schwimmenden Eisschollen,
„welche

„welche die Annäherung an die Küsten verhinter-
„ten, keine Nachrichten von daher einziehen.“

Dieser Bericht gieng mir nahe, indem ich mir
dabey den kläglichen Zustand dieser armen Leute,
welche vormahls das Glück gehabt, Christen zu
seyn, und gegenwärtig, da es ihnen an Priestern
und Unterweisung fehlet, in der Unwissenheit und
Finsterniß des Heidenthums herum irreten, vorstellete. Ich wünschte damahls in der Einrichtung
zu seyn, daß ich ihnen hätte zu Hülfe eilen können.
Ich hätte den Vorzug, zu ihnen zu reisen, und
ihnen das Evangelium zu predigen, als das grösseste Glück, welches mir hätte wiederfahren können,
angesehen; und ich fand eine doppelte Verbindlich-
keit dazu, wann ich in Betrachtung zog, daß sie
theils Christen gewesen, theils von Norwegischer
Abkunft wären, und zu der Krone Norwegens ge-
höreten. Wann ich mir aber meinen Zustand
vorstellete, daß ich nemlich nicht nur einer Gemeine vorzustehen, sondern auch eine Frau, und ein
Kind zu versorgen hätte, so erblickte ich so viele
Hinternisse der Erfüllung meiner Wünsche, daß
ich nicht wußte, wozu ich mich entschliessen sollte.
Auf der einen Seite stärketen mich die Ehre Gottes, und das Heyl dieser armen Völker: auf der
andern, erschreckete mich die Furcht der vielen damit verknüpften Schwierigkeiten und Gefahr; dergestalt, daß ich nichts that, als zu Gott seufzete,
und ihn bat, daß er mich aus dieser Versuchung
erlösen, und nicht zugeben mögte, daß ein meine
Kräfte übersteigendes Unternehmen, mich und die
meinigen in einiges Unglück stürzete.

In

In dieser Kümmerniß lebte ich bis in das
1710te Jahr, da ich mich, um mein Gemüth in
Ruhe zu setzen, entschloß, einen Entwurf zur Be=
kehrung, und Unterweisung derer Grönländer zu
verfertigen. Meine Ursachen, welche ich dazu
hatte, gründeten sich auf die heilige Schrift, als
welche uns lehret, daß Gott nicht allein das Wohl=
seyn aller Menschen, sondern auch die Bekehrung
der Heyden wünsche: auf den Befehl Jesu Christi,
welcher ausser Zweifel sich nicht bloß auf die Zei=
ten derer Apostel erstreckete, sondern seine Kirche
bis an das Ende der Tage angeht: auf das Ver=
fahren der ersten Kirche, welche sich die Ausbrei=
tung des Reiches Jesu Christi so angelegen seyn
ließ: auf die Urtheile derer Lehrer, deren Wunsch
und Verlangen eben dahin gerichtet gewesen; und
alles dieses eignete ich auf die armen Grönländer
zu, denen wir, solchen Liebesdienst zu erweisen, be=
sonders verbunden wären.

Als mein Aufsatz fertig war, schickte ich ihn so=
fort dem Bischofe von Bergen zu, dieweil dieses
diejenige Stadt war, von der die Schiffe, welche
nach Grönland seegeln wollten, abgiengen. Nach=
her überschickte ich auch eben dergleichen an den
Bischof von Drontheim, welcher mein eigener
Bischof war. Die Antworten, welche ich von die=
sen beyden Prälaten erhielt, lauteten folgender=
gestalt:

## Antwort des Bischofes zu Bergen.

„Mein Herr,

„Zwey von Ihren Pfarrkindern haben mir Ihr
„Schreiben, und den beygeschlossen gewesenen Auf=
„satz.

„faß, welchergeſtalt die Grönländer aus ihrer
„groben Unwiſſenheit zu reiſſen, und zum chriſtli=
„chen Glauben zu bringen wären, eingehändiget.
„Anfänglich kam es mich etwas ſchwer an, mich
„mit dieſer Sache abzugeben; theils, weil ich be=
„reits ziemlich bey Jahren bin, indem ich mich in
„meinem achtzigſten Jahre, und ſeit einigen Wo=
„chen ſehr unbaß befinde, ſo daß ich nicht weiß,
„was Gott über mir gebieten mögte: theils auch,
„weil Sie nicht unter meinen Sprengel, (Diöces)
„oder zu denenjenigen Prieſtern, deren Angelegen=
„heiten ich mich anzunehmen, und die ich zu un=
„terſtützen, gehalten bin, gehören; theils endlich
„und drittens, weil die Zeiten anjetzt ſehr ſchwer
„ſind; ſintemahl wir ſeit fünff Wochen keine Poſt
„aus Coppenhagen erhalten, und nicht wiſſen,
„wie es daſelbſt ſtehe. Indeſſen habe ich mich
„endlich doch, in Betrachtung Ihrer chriſtlichen
„Abſichten, und flehentlichen Bitten, entſchloſſen,
„Ihren Aufſatz mit der Poſt an den Ober=Secre=
„tár Wibe zu überſenden, damit er ihn, bey der
„erſten bequemen Gelegenheit, dem Könige über=
„reiche und empfehle. Weil Sie in Ihrem Schrei=
„ben mich um eine Antwort, und Mittheilung mei=
„ner Gedanken, wegen Ihres Vorhabens, erſu=
„chen, ſo muß ich Ihnen zuvörderſt ſagen, daß ich
„das chriſtliche Verlangen, welches Sie äuſſern,
„an der Bekehrung derer mitten in der Finſterniß
„des Heydenthums ſteckenden Grönländer zu ar=
„beiten, nicht anders als loben kann; und daß zu
„wünſchen wäre, daß alle Chriſtliche Potentaten an
„der Bekehrung der andern Heyden mit Hand an=

A 3                    „legen

„fegen mögten; daß ich aber auch auf der andern
„Seite, da Sie Ihre Pfarre in Nordland zu
„verlaffen willens find, und fich felber zur Hinrei-
„fe, und zum Unterricht derer blinden Völker Grön-
„landes in der Chriftlichen Religion, anerbiethen;
„und, auch ebenfalls andere Perfonen dahin zu
„fenden, in Vorfchlag bringen, nicht abfehe, wie
„das geringfte auszurichten wäre, indem diefe wil-
„de Menfchen eine gewiffe eigene Sprache haben;
„dergeftalt, daß fie fo wenig verftehen, was wir
„zu ihnen fprechen; als wir, was fie zu uns fagen;
„und doch ift es ganz nothwendig, daß diejenige,
„welche dergleichen Leuten einen Unterricht, in den
„Heils-Sachen ertheilen wollen, fo, daß man fie
„höre, und verftehe, fprechen können. Jefus Chri-
„ftus fendete feine Apoftel nicht eher in die ganze
„Welt aus, um die Völker zu taufen, und zu leh-
„ren, als, nachdem er, an dem Tage der Pfing-
„ften, in Jerufalem, feinen heiligen Geift, unter
„der Geftalt feuriger Zungen, über fie ausgegof-
„fen hatte, fo, daß fie in mancherley Sprachen re-
„den, und predigen konnten. Ich wünfche übri-
„gens, daß Ihre gottfeelige Abficht, und Ihr gutes
„Vorhaben, von dem Könige genehmiget werden;
„und daß Se. Majeftät die zur Ausführung diefer
„Sache erforderlichen Mittel und Koften zu ver-
„fchaffen geruhen mögten. Ich bin rc.

Bergen,            N. E. Randulff.
den 10. Augftmon. 1710.

Ant-

## Antwort des Bischofes von Drontheim.

„Mein Herr,

„Ihr Vorschlag zur Bekehrung der Grönlän=
„der, gründet sich in meinen Augen auf die Schrift,
„und auf die Wünsche derer gelehrtesten Männer;
„und wer sollte wohl nicht von Grunde seines Her=
„zens wünschen, daß doch das himmlische Licht, die
„Menschen, welche in der Finsterniß leben, erleuch=
„ten mögte? Ich habe auch hiernächst, bey Lesung
„Ihres Schreibens, ersehen, daß Sie mit diesem
„Gedanken schon eine geraume Zeit umgegangen,
„und daß Sie selbigen noch beständig hegen; und
„ich gestehe, daß zu wünschen wäre, daß ein so
„Christliches Unternehmen zu Stande kommen mög=
„te. Hätten Sie mir die Nachricht davon nur
„etwas früher wissen lassen, so hätte ich Ihnen mei=
„nen Rath ertheilet, und allen Beystand, soviel in
„meinem Vermögen gewesen wäre, wiederfahren
„lassen. Ich sehe aber, daß Sie mit den Schif=
„fen von Bergen abreisen wollen; und daß nichts
„eher zu bestimmen sey, bevor nicht jemand den
„Weg gebahnet. Wann würklich etwas zu hoffen
„steht, müßten Sie es so machen, daß alle Schiffe
„von Bergen, welche nach Grönland fahren, zu
„dieser Mißion beytrügen; und daß ein jedes Schiff
„eine Person in dem Lande zurück ließe, damit sie
„einigen Handel daselbst treiben, und die Zeit über,
„da sie sich daselbst aufhielten, einander hülfreiche
„Hand leisten könnten. Denn, wenn man weiter
„nichts thun, als nur das Land sehen, und dann
„sogleich wieder zurück kehren wollte, so würde

A 4                    „nicht

„nicht der geringste Nutzen, in Ansehung der Be-
„kehrung der Grönländer, daraus zu hoffen seyn.
„Indem es vor diesem Bischöfe in Grönland ge-
„geben, welche zu Drontheim geweihet worden,
„als worunter sie gestanden; da selbige bey ver-
„schiedenen Kirchen-Versammlungen (Concilien)
„mit zugegen gewesen, wie aus dem Archiv unsers
„Capituls zu ersehen; und da es daselbst Abteyen,
„Klöster, u. s. f. gegeben: so lebt derselbige Gott
„noch, und er kann das seit einigen Jahrhunder-
„ten erloschene Licht seiner Gnaden wieder anste-
„cken. Wenn sich nur irgendwo ein Mann Got-
„tes fände, der diesen heldenmüthigen Entschluß
„faßen, sich auf die Reise begeben, und die Be-
„schaffenheit des Landes, nebst der Gemüthsart de-
„rer Einwohner, untersuchen wollte, so würde ohne
„Zweifel der König, welcher seit einigen Monathen,
„die Post-Einkünfte zu milden Stifftungen,
„(ad pias causas,) bestimmt hat, denjenigen, der es
„wagte, ein so Christliches Vorhaben zur Ausübung
„zu bringen, bevorab, wenn der Handel und
„Wandel, dessen Sie, mein Herr! Erwähnung
„thun, durch dieses Mittel in Aufnahme kommen
„könnte, reichlich belohnen. Grönland ist, wie
„nicht zu zweifeln, ein Theil von Amerika; und,
„es ist unmöglich, daß es sehr weit von Cuba,
„und Hispaniola, woselbst es eine grosse Menge
„Goldes giebt, entfernt liegen sollte. Es wird
„Ihnen auch bekannt seyn, daß, zur Zeit Christian
„des Vierten, der berühmte Munk, einen reich-
„haltigen Goldsand mit aus Grönland gebracht
„habe. Nun ist aber niemand dazu geschickter,
„derglei=

„dergleichen Schätze da herzuhohlen, als die See=
„fahrer von Bergen; dergestalt, daß, wenn ein
„Geistlicher, der von einem Religions = Eifer ge=
„trieben würde, nebst einigen Kaufleuten sich eine
„Zeitlang in dem Lande aufhielte, unglaubliche Vor=
„theile davon zu erwarten stünden. Der einzige,
„soviel mir bekannt ist, der dortige Länder durch=
„reiset ist, ist Ludwig Hennepin, französischer
„Mißionär, ein Barfüsser=Mönch, welcher lange
„in denen Ländern umher gereiset ist, welche nichts
„anders, als das alte Grönland, seyn können,
„unter demselbigen Grade, darunter wir wohnen,
„und die er in seiner Karte Neu=Dännemark
„nennet. Gedachter Hennepin kann die Frucht=
„barkeit und Güte der Landes=Gegend nicht genug=
„sam rühmen, neben der er etwas südwärts Neu=
„Frankreich setzt, worinn sich ein Bischofs=Sitz,
„Nahmens Quebec, befindet, welcher seitdem durch
„neue Colonien stark angewachsen ist. Es wäre
„gewißlich nichts angenehmer, als zu sehen, daß
„dieser in Ihnen befindliche Funke, zu einer glüen=
„den Kohle würde, welche die Kenntniß und Liebe
„Gottes in der Seele dieser Völker, welche in der
„grössesten Unwissenheit leben, anzuzünden vermö=
„gend wäre; denn ich zweifle nicht, daß Ihr Vor=
„haben nicht sollte geseegnet werden vom HErren.
„Ich bin 2c.

Bache,                    der Ihrige in dem HErrn,
den 11. Weinmon. 1711.        P. Krog.

Diese.

Diese Antworts-Schreiben derer beiden Bischöfe beruhigten mein Gemüth wieder. Ich stellete die Sache dem Willen Gottes anheim, und verließ mich auf die Vorsprache und Empfehlung dieser beyden Prälaten bey dem Hofe.

Bisher hatte meine Frau von meinem Vorhaben nichts gewußt, weil man sich leicht vorstellen konnte, daß sie mit mir gar nicht einstimmig seyn würde. Endlich ward das Geheimniß ruchtbar. Einige von unsern Freunden, hatten, da sie zu Bertzen gewesen waren, daselbst in dem Hause des Bischofes erfahren, daß ich nicht nur das Vorhaben, die Grönländer zu bekehren, ersonnen; sondern, daß ich auch selbst, nach Grönland abzugehen, und in eigener Person daran zu arbeiten, willens sey. Bey ihrer Rückkunft, schrieben diese Freunde deshalb an meine Frau, und mich, und tadelten meinen Einfall ungemein. Meine eigene Mutter, und meine Schwiegermutter, fuhren über dieser Nachricht in Harnisch. Sie bedieneten sich der nachdrücklichsten und beweglichsten Ausdrücke, um mich von meinem Vorhaben abzubringen; und stelleten mir die Gefahr, darein ich mich stürzen, und das Unglück, darein ich meine Familie bringen würde, mit den lebhaftesten Farben vor. Man kann sich leicht vorstellen, wie diese Nachricht ein Donnerschlag für meine Frau gewesen; und ich gestehe, daß ihr Bitten und Weinen sowohl, als die Vorstellungen meiner Freunde, mich gänzlich auf andere Gedanken gebracht. Ich kam gar so weit, daß ich mein Vorhaben, als eine Thorheit ansahe, und versprach, bey meiner Gemeinde,

zu

zu welcher mich die Vorsehung gerufen hatte,
zu bleiben.

Ich stellete mir in Gedanken vor, daß ich alles,
was in meinem Vermögen gestanden, gethan hätte; und daß Gott ein mehreres von mir nicht fordern könne, dieweil es nicht einzig und allein von
mir abhieng, zu thun, was mir beliebte. Ich war
ingeheim recht froh bey mir selbst, daß ich nunmehro anders Sinnes geworden, und dankte dem
HErrn, daß er mich aus einer Art von Versuchung
erlöset hätte. Allein diese Gemüthsruhe war von
kurzer Dauer. Die Worte des Heylandes stelleten
sich meinem Gemüthe dar, da er sagt: **Wer Vater oder Mutter, Frau, Kind, und Brüder,
oder Schwestern mehr liebet, denn mich, der
ist mein nicht werth.** An diesen Ausspruch
konnte ich nicht ohne Zittern gedenken. Es schweb-
te mir selbiger beständig vor den Augen: ich sahe
in demselbigen meine Verdammniß; und hatte weder Tag noch Nacht, Ruhe. Meine Frau, welche
meine Unruhe merkte, that alles mögliche, um mich
wieder zu beruhigen. Sie stellete mir vor, daß
Gott nichts Unmögliches von uns fordere; und
daß mein Vorhaben mehr eine Versuchung des
bösen Geistes, als ein göttlicher Ruf seyn müste.
Als alle diese Gründe nicht das Geringste bey mir
ausrichteten, verlohr sie endlich die Geduld: „Ich
„bin wohl recht unglücklich, sprach sie, daß ich an
„einen Mann, der sich, und zugleich auch mich in
„das grösseste Unglück muthwillig stürzen will, mein
„Herz verschenkt habe, und mit ihm verheyrathet
„bin.“ Diese Reden verursachten mir den äusser-
sten

sten Verdruß; und ich glaube, wann dieser Zustand
also fortgedauert hätte, daß ich darüber gestorben
wäre.

Bey diesen harten Umständen, ereignete es sich,
daß einige kleine Verdrußlichkeiten, welche sich, wegen der Bosheit und des Hasses gewisser Personen,
welche gottlos genug waren, Lügen und Verläum-
dungen zu Hülfe zu nehmen, tagtäglich vermehre-
ten, uns den Aufenthalt in Nordland gar unangenehm machten. Ich nahm daher Gelegenheit,
meine Frau zu ermahnen, daß sie doch nachdenken
mögte, ob dieser Kummer nicht durch Gottes Zu-
lassung über uns verhangen würde; und ob selbiger nicht eine Strafe sey, die wir uns dadurch zu-
gezogen, daß wir dem Willen des HErrn wider-
strebet hätten. Ich bat sie, diese Angelegenheit in
ihrem Gebethe der Einrichtung der Vorsehung anheim zu stellen. Sie folgete meinem Rath, und
es war, nach verrichteten demüthigen und brünsti-
gen Gebethe, ihr Wille dermassen geändert, daß sie
dieselbige Lust, als ich, bezeugete, nach Grönland
zu gehen, und das Reich Jesu Christi daselbst errichtet zu sehen. Sie schien mir, wie eine andere
Sara, bereit und willig, mir mit Vergnügen zu
folgen, und in der Fassung, mit völliger Gelassen-
heit alles Uebel, was uns Gott zuschicken würde,
zu ertragen. Die Freude, welche diese Veränderung bey mir wirkete, bin ich auf keine Art auszudrücken im Stande. Ich erblickte mich, als einen, der, nachdem er einem Moraste, oder gefähr-
lichen Wege entgangen, sich, nach vielen überstan-
denen Schwierigkeiten, an einem Orte, wo er nicht
das

das geringſte weiter zu befürchten hat, befinder.
Ich ſahe, mit ſo vielem Erſtaunen, als Vergnü=
gen, daß mir Gott beygeſtanden; und achtete die
übrige von mir annoch zu überſteigende Schwierig=
keiten, als nichts.

Ich ſetzte hierauf eine Schrift zur Beförderung
der Mißion nach Grönland auf; ſchickte ſelbige
ſowohl an den neuen Biſchof von Bergen, als
auch an das Mißions = Collegium; und fertigte
zum öftern bewegliche Schreiben an die Biſchöfe
von Bergen und Drontheim ab, darinn ich ſie
bath, aus Liebe zu Gott mein Vorhaben beſtens
zu empfehlen. Die Antworten aber dieſer Präla=
ten waren des Innhalts: „daß ich ſo lange Geduld
„haben ſollte, bis ſich die ſchlimme Zeiten, darinn
„man lebte, geändert hätten; daß der Himmel uns
„endlich den ſo ſehnlich gewünſchten Frieden ſchen=
„ken würde; und daß vorher unmöglich das ge=
„ringſte bey dem Hofe auszurichten wäre.“ Sol=
chergeſtalt verzögerte ſich die Ausführung meines
Vorhabens von einem Jahre zum andern. Was
mich aber annoch beunruhigte, waren die neuen
Hinterniſſe, welche ſowohl Freunde als Feinde mir
in den Weg zu legen, ſich beſtrebeten. Indeſſen
waren doch alle ihre Bemühungen nicht vermö=
gend, mich von dem Vorhaben, auf die Ehre des
HErrn, und die Ausbreitung ſeines Reiches be=
dacht zu ſeyn, abwendig zu machen. Ich entſchloß
mich darauf, um mich aus dieſer Verlegenheit her=
aus zu bringen, eine Vertheidigungsſchrift (\*) auf=
zu=

(\*) Es war ſelbige zu Vogen, unter dem 30ſten
Jänner 1715 datirt.

zuſetzen, in welcher ich meine Abſicht zu erkennen
gab, und wozu ich mich feſt entſchloſſen hätte; wobey ich auch eine Beantwortung der Einwürfe,
welche man mir machte, hinzu fügete. Es beſtan-
den ſelbige in fünf nachſtehenden Puncten:

1. In Anſehung der Landes-Gegend von **Grön**-
land, welche rauh und kalt ſey;

2. In Anſehung derer Schwierig= und Gefähr-
lichkeiten der Schiffahrt bey der Hinreiſe; desgleichen derer Unannehmlich= und Verdrüß-
lichkeiten, welche man bey der Rückreiſe haben
könnte;

3. In der Art von Thorheit, welche damit ver-
geſellſchaftet wäre, wenn man eine Pfarre,
oder ein gewiſſes Kirchen=Amt, um etwas
Ungewiſſen willen, verlieſſe.

4. In denen menſchlichen Abſichten, welche man
mir zuſchrieb, als: daß ich darüber mißver-
gnügt wäre, daß es nicht nach meinem Sinn,
oder nach meinem Wunſch gienge; oder, als
wenn mich der Ehrgeiz triebe, daß ich mir
gern einen Nahmen in der Welt machen
wollte.

5. In der augenſcheinlichen Gefahr, der ich
eine Frau und Kinder ausſetzete: einem Ver-
fahren, wie man ſich ausdrückte, welches ich
niemahls vor Gott würde verantworten können.

Ich erwiederte alle dieſe Einwürfe mit gründlichen Beantwortungen; welche aber gegenwärtig
anzuführen, nicht möglich iſt; dieweil es zu weitläuftig iſt.

Ich

Ich wünschte nunmehro nichts weiter, als daß der Krieg nur bald ein Ende haben mögte: weil aber nicht der geringste Anschein dazu vorhanden war, überfiel mich die Ungeduld. Ich entschloß mich also, die Sache selbst durchzutreiben; nach Bergen, und nachher nach Coppenhagen zu reisen, um durch mein Ansuchen die Mißion nach Grönland zu befördern. Denn, ich zweifelte, ob diejenige, denen ich meine Schrift empfohlen hatte, die Sache ernstlich, und mit Nachdruck getrieben haben mögten. Ich hatte aber noch eine Hinterniß, welche von mir zu heben war; nehmlich, daß derjenige, welcher zu meinem Nachfolger ernannt seyn würde, mir so lange einen gewissen Gehalt, wovon ich leben könnte, aussetzte, bis mein Vorhaben zur Ausführung gebracht, oder ich auf eine andere Art versorget wäre Ich trug dieses dem Herrn Krog, Bischofe zu Drontheim, welcher das Wahlrecht (Jus vocandi) hatte, vor. Seine Antwort wa● nichts weniger als vortheilhaft. Er gab mir zu verstehen, daß sich niemand fände, welcher Lust hätte, dergleichen Bedingung anzunehmen, dieweil meine Pfarre nur von gar geringen Einkommen wäre. Indessen fügte er auch noch hinzu, daß er fest glaubte, daß, wofern man den Anschlag der Mißien nach Grönland nicht triebe, der König mir auf irgend eine andere vortheilhafte Art helfen würde. Ich glaubte aber nicht, es darauf ankommen lassen zu müssen; und schob meine Reise so lange auf, bis sich die Zeiten geändert haben würden.

Nord-

Unterdeſſen verbreiteten die Leute von einer Nordländiſchen Jacht, bey ihrer Rückkunft von Bergen, das Gerücht, daß ein Kauffardey-Schiff dieſer Stadt auf dem Eiſe untergegangen wäre; daß das Volk ſich in das Boot gerettet, und das Land erreichet habe; daß ſie aber von denen Grönlän= dern todt gemacht, und aufgefreſſen worden wären. Dieſe Nachricht, ſo falſch ſie auch ganz und gar war, ſetzte mich ein wenig in Furcht; eben ſo, wie verſchiedene Perſonen daraus Gelegenheit nahmen, die Grönländer, als eins derer grimmigſten Völ= ker vorzuſtellen; und dergleichen Reden, meine Frau abzuſchrecken, vermögend waren. Dieſer Schrecken aber vergieng, Gottlob! gar bald wieder; und es machte ſelbiger auf meiner Frauen, und mein Ge= müth, bloß einen überhin gehenden Eindruck. In= deſſen verfloß die Zeit. Niemand dachte mehr an Grönland; nur ich war der einzige, welcher es nicht aus dem Kopf bringen konnte. Selbſt ein jeder hielt den Frieden vor noch ſehr ⬤eit entfernt. Es war mir aber nicht möglich, die Zeit, wann ſelbiger eintreffen würde, abzuwarten; und ohner= achtet ich nicht die geringſte Hoffnung vor mir ſa= he, mir, von Seiten meines Nachfolgers, einigen Theil des Einkommens von meinem Amte, zu mei= nem Unterhalt zu verſprechen, ſo wollte ich doch lieber alles verlieren, als in beſtändiger Unruhe des Gemüthes leben. In dieſer Abſicht ſchrieb ich noch= mahls im Jahre 1717 an den Biſchof von Dront= heim, übergab ihm meine Pfarre, und erſuchte ihn, einen andern an meiner Stelle zu ernennen; wel= ches er auch ſofort that.

ſtehen.

Nunmehr hatte ich den härtesten Angriff auszu=
stehen. Alles ward ernstlich. Womit ich so lange
in meinen Gedanken umgegangen war, weshalb
ich so viel geschrieben, und wovon ich so oft ge=
sprochen hatte, gieng nun in Erfüllung. Ich mu=
ste alles im Stich lassen, und von meinen Freun=
den, und lieben Pfarrkindern Abschied nehmen.
Die Vernunft, und Fleisch, und Blut suchten die
Oberhand zu gewinnen, und stelleten mir die Din=
ge von der schlimmen Seite vor. Allein, in diesem
fürchterlichen Augenblick, legte meine Frau eine
Probe der Grösse ihres Glaubens, und ihrer Stand=
haftigkeit, ab. Sie führete mir zu Gemüthe, daß
es nunmehro zu spät sey, mich die Sache gereuen
zu lassen; daß ich Zeit genug gehabt hätte, über
dasjenige, was geschehen sey, reiflich nachzudenken;
daß ich meinen Handel im Namen Gottes ange=
fangen; daß ich ihn darüber zu Rathe gezogen hät=
te, und daß ich in der Hoffnung auf seine Hülfe,
und seinen Beystand, meinen Entschluß gefasset hät=
te. „Warum, fügte sie hinzu, zweifelst du anjetzt?
„Warum lässest du den Muth sinken, da es nun
„nicht mehr Zeit ist, abzustehen.“

Ich kann nicht beschreiben, wie viel Muth mir
ihre Rede eingeflösset. Ich war voll Verwunde=
rung und Schaam, daß eine schlechte Frau mehr
Glauben, und mehr Beherztheit geäussert, als ich.
Ich vollendete also, im Nahmen Jesu, was ich an=
gefangen hatte; und machte mich, nachdem ich von
meiner lieben Gemeine, Mutter, Schwester, und
meinen übrigen Freunden, den zärtlichsten und be=
trübtesten Abschied genommen hatte, im Brachmo=

B nat

nat 1718, nebst meiner Frau, und vier Kindern, deren eines noch nicht ein Jahr alt war, auf den Weg; und wir kamen zu Bergen an.

Sobald man von meiner Ankunft und dem Bewegungsgrunde dieser Reise, Nachricht erhalten hatte, ward ich als eine ausserordentliche Erscheinung angesehen; und ein jeder fällete, nach der Verschiedenheit seines Geschmackes, oder seiner Neigung, ein verschiedenes Urtheil. Einige sagten, daß ich einen eigensinnigen Einfall hätte; andere, daß ich ein Narr wäre. Etliche sprachen, daß ich Erscheinungen, oder Offenbahrungen haben müste; andere, welche von meinen Gesinnungen, und dem Gegenstande meines Verfahrens, unterrichtet waren. fälleten ein gesundes und Christliches Urtheil davon.

Meine erste Sorge gieng dahin, daß ich mir Gönner zu verschaffen suchte, welche den Handel und die Schiffahrt nach Grönland zu unternehmen, im Stande wären. Nun waren zwar damahls, einer, Nahmens Johann Matthisen, und verschiedene andere zu Bergen, welche Schiffe nach Grönland geschickt hatten; sie hatten aber damit aufgehöret, weil der Handel derer Holländer welcher in dieser Gegend von Jahr zu Jahr zunahm, den unsrigen verderbte; dergestalt, daß man von dem letztern nichts mehr hören, oder selbigen wieder vorzunehmen, sich bereden lassen wollte: bevorab, da der Krieg annoch fortdaurete, und die Umstände damahls sehr gefährlich aussahen. Indessen versprachen doch einige, daß sie. wann Friede seyn, und der König etwas zu Hülfe geben würde, sie den Versuch machen, und ein Schiff nach Grönland

land abschicken wollten. Ich sahe nun, daß vor
der Hand noch nichts zu thun sey; und daß ich so
lange Geduld haben müste, bis ich eine unterthänige Bittschrifft dem Könige überreicht haben würde; ohnerachtet ich eben keine grosse Hofnung hatte,
den Staatsrath dahin vermögen zu können, etwas
meinem Verlangen gemässes, vor Endigung des
Krieges zu unternehmen. Allein, Gott denkt an
uns, und räumt, wann er will, die Schwierigkeiten, ohne daß wir ihn darum bitten, aus dem Wege. Dieses bewerkstelligte er nun durch den Fall
des Königes von Schweden, welcher im Winter
1719, bey Friedrichshall blieb. Bey dieser Nachricht schmeichelte ich mir, keine Hinterniße mehr zu
finden; und machte mich im Frühlinge desselbigen
Jahres, auf den Weg nach Coppenhagen, um
daselbst mein Vorhaben bey dem Hofe anzubringen. Weil aber der König annoch in Norwegen war, überreichte ich meine Schrift an das
Mißions-Collegium. Die Glieder dieses Colle-
giums schienen mir Beyfall zu geben, und versprachen, mein Vorhaben zu unterstützen. Es ward
auch würklich, sobald der König angelanget war,
ihm meine Schrift überreichet, und nachher dem
geheimen Rathe zugefertiget, welcher sie billigte.
Und ohnerachtet die Umstände der damahligen Zeit
die Vollziehung verschiedener Punkte in der Schrift
noch nicht gestatteten, so richteten doch Se. Majestät Ihr Augenmerk auf die Mittel, welche die Be-
kanntmachung des Evangeliums in Grönland be-
trafen. Ich hatte sogar die Ehre, desfalls zur
Audienz bey dem Könige gelassen zu werden; und

es

es schienen mir Se. Majestät von den besten Gesinnungen dabey zu seyn. Es berichtete mir auch
das Mißions-Collegium bald darauf, daß der König eine Verordnung an den Landrichter, und an
die Magisträte zu Bergen ergehen lassen wollte,
daß selbige denen Kaufleuten der Stadt die Unternehmung des Handels und der Schiffahrt nach
Grönland, vortragen, und ihnen zugleich ankün-
digen sollten, daß Se. Maj stät ihnen Privilegien
ertheilen, und allen möglichen Beystand angedeihen
lassen würden.

Nach dieser erhaltenen Nachricht begab ich mich
nach Bergen; und weil der Befehl des Königes
daselbst bereits angelanget war, wurden alle Schiffs-
Capitäne, nebst denen Steuerleuten, welche bereits
nach Grönland gefahren waren, auf das Rathhaus bestellet, um von ihnen Nachricht, in Ansehung der Eigenschaften des Landes, und der Beschaffenheit des Handels, welcher dahin vorgenommen werden könnte, einzuziehen. Weiter aber
kam es nicht. Denn, diese Sch ffleute befürchte-
ten, daß wann sie etwas vortheilhaftes von diesem
Lande aussageten, man sie mit Gewalt anhalten
würde, nicht allein dahin zu reisen, sondern sich
auch daselbst aufzuhalten; welches aber im geringsten nicht nach ihrem Sinne gewesen wäre. Sie
sprachen daher ganz anders davon, als sie sich gegen mich herausgelassen hatten. Sie stelleten das
Land, als das allerschlechteste, und ihre Reise, als
die allergefährlichste vor. Hätte ich nicht einen
Brief von einem unter ihnen, aufzuweisen gehabt,
darinn er ziemlich vortheilhaft von dem Lande, und

dem

dem Handel in Grönland geschrieben, so wäre ich
nach meiner eingegebenen Schrift als ein Lügner
anzusehen gewesen. Was die Kaufleute, welche
ebenfalls auf da. Rathhaus beschieden waren, anlan-
gete, so liessen selbige eben so wenig Lust und Trieb
zum Handel nach Grönland, als die Schiffleute,
an sich verspühren. Es erschien kein einiger von
ihnen; daß es solchergestalt mit meiner Hoffnung
dabey sehr schlecht aussahe. Ich seufzete, als ich
Christen, welche sich so gleichgültig gegen die Ehre
Gottes bewiesen, erblickte: Ich seufzete ohn Unter-
laß zu ihm, und rief ihn um seinen Beystand an.
Daß er mir doch helfen würde, davon war ich dermassen fest überzeugt, daß ich mir vorsetze, mir auf
eine andere Art Gönner zu verschaffen. Ich suchte
alle wohlhabende Personen in der Stadt Bergen
auf; ich sprach mit einem jeden besonders, und
brachte sehr viele von ihnen auf meine Seite, welche mir versprachen, einige Summen zu der vorha-
benden Unternehmung herzuschiessen. Zu selbiger
Zeit lief ein Schreiben von einem reichen Kaufmann aus Hamburg an mich ein, welcher von
dem zu unternehmenden Handel nach Grönland
Nachricht erhalten hatte, und sich erboth. ein an-
sehnliches Capital in die Handlungs-Gesellschafft
einzusetzen. Die Gesellschafter in Bergen wurden
durch diese Nachricht aufgemuntert, und wünschten
mir dazu Glück, daß der Handel nach Grönland
ohnfehlbar vor sich gehen, und meine Wünsche
endlich erfüllt werden würden. Zum Unglück aber
war diese Freude von keiner langen Dauer. Denn,
mit der folgenden Post erhielten wir einen zweyten

B 3

Brief

Brief von dem Hamburger Kaufmann, woraus
wir erfahen, daß er bey angeftellter Ueberlegung
anders Sinnes worden, und dem Handel nach
Grönland beyzutreten, nicht mehr gefonnen fey.

Gerade zu eben derfelbigen Zeit, ertheilte mir
das Mißions = Collegium den Befcheid, daß die
Privilegien, welche die Kaufleute zu Bergen, zum
Beften der Schiffahrt nach Grönland verlangten,
noch nicht ausgefertiget werden könnten; und bey
diefer Nachricht trennte fich die Handlungs = Gefell=
fchaft, welche erft zufammen getreten war, wieder
völlig. Es ift Gott allein bekandt, welchen Kum=
mer ich darüber empfunden, da ich fahe, wie alle
meine Mühe und Sorge vergeblich gewefen. Allein
der HErr wollte mich auf die Probe ftellen, und
mich empfinden laffen, daß ich mich nicht auf
Menfchen, fondern auf Ihn verlaffen follte. Ich
ließ auch meinen Muth gar nicht finken, in der
Hoffnung, daß er mir die Mittel an die Hand ge=
ben würde, hinzugehen, und fein heiliges Wort
denen Grönländern zu verkündigen, fobald feine
Stunde gekommen feyn würde. Zu gleicher Zeit
hörte ich nicht auf, Schrifften an das Mißions=
Collegium, und unterthänige Bittfchreiben an den
König zu übergeben; und gab mir alle Mühe, die
Kaufleute in Bergen zu ermahnen, daß fie den
Handel nach Grönland unternehmen mögten.

Ich brachte folchergeftalt den ganzen Winter des
1720ften Jahres ohne groffe Hoffnung der Hülfe
zu. Es vergieng der Frühling, und felbft der
Sommer, ohne daß ich den geringften Troft erhal=
ten konnte. Dagegen fahe ich mich dem Spotte
und

und denen Vorwürfen ungemein vieler Personen
ausgesetzt, welche mir beständig vorstellten, daß
ich besser gethan hätte, wann ich bey meiner Gemeinde geblieben wäre, als daß ich unmögliche
Dinge unternehmen wollte: und daß sie im geringsten nicht Lust hätten, ihre Landsleute nach
Grönland zu schicken, und von denen Barbaren
schlachten zu lassen. Meine arme Frau hatte eben
dergleichen Angriffe auszustehen. Man wollte auch,
daß sie mich überreden mögte, von diesem thörig-
ten Unternehmeen abzustehen, und um einen andern Dienst Ansuchung zu thun. Bey allem dergleichen aber, was man ihr in den Kopf setzen
konnte, blieb sie dennoch bey ihrem Vorsatz steif
und fest; und man hörte sie öfters die Antwort ertheilen, daß sie sich niemahls meinem Vorhaben
widersetzen, und mir in Dingen, welche die Ehre
Gottes beträfen, zusetzen würde, so lange ich durch
Warnung meines Gewissens nicht selbst davon ab-
gebracht werden würde. Diese Standhaftigkeit zog
ihr eben den Vorwurf, als mir, auf den Hals.
Man sagte uns gerade ins Gesicht, daß wir Nar-
ren wären.

Ohnerachtet die Kaufleute, welche in die ober-
wähnte Gesellschaft zusammen zu treten angefan-
gen hatten, alle insgesammt wieder aus einander
gegangen waren, brachte ich es doch durch mein
inständiges Bitten dahin, daß sich einige von denen
Gutgesinntesten bey mir versammelten, um über die
Mittel der Ausführung des Vorhabens, ob es auf
irgend eine Art möglich sey, zu berathschlagen.
Diese rechtschaffene und redliche Männer, welche

B 4 von

von meinem Kummer, und der Beständigkeit meines Eifers gerührt waren, gaben zu erkennen, daß sie sich die Sache angelegen seyn lassen wollten, und machten sich anheischig, mir beyzustehen, wann ich nur mehrere Personen zusammen bringen könnte, welche, sich der Sache mit anzunehmen, Lust hätten. Um nun selbige desto mehr zu ermuntern, fiengen wir, von der Zeit, das Unterschreiben, (die Subscription) an. Ich unterschrieb mich mit dreyhundert Reichsthalern, zum ersten Einsatz; andere unterschrieben sich mit zweyhundert, und einige mit hundert Thalern. Ich behielt die Urschrifft der Subscription, zur Einladung anderer zu unserm Beytritt. Ich gieng zuerst zum Bischofe der Stadt, und hernach zu denen Priestern, welche sich sämtlich mit einigen Summen unterzeichneten. Ein gleiches geschahe nachher von verschiedenen Kaufleuten; dergestalt, daß ich ein Capital von ungefähr zehntausend Reichsthalern zusammen bracyte.

Wann gleich diese Summe zu einem dergleichen Unternehmen nicht zulänglich war, unterließ ich doch nicht, unsere Consorten zu veranlassen, die Hand an das Werk zu legen. In dieser Absicht kaufte man ein Schiff, welches Haabet, oder die Hoffnung genannt wurde, welches uns nach Grönland überbringen, und den Winter über daselbst bleiben sollte. Es schien uns, als wenn Gott dieses Schiff zu dergleichen Gebrauch bestimmt, und als wann, vermittelst seiner Benennung, die göttliche Vorsehung unsere Hoffnung hätte stärken, und uns zu verstehen geben wollen, daß das Werk, welches wir anträten, einen glücklichen Erfolg haben

ben würde. Auſſer dieſem Schiff miethete die Geſellſchafft auch noch zwey andere: Eins, welches
auf den Wallfiſch'ang ausgehen ſollte; und das
andere ſollte uns folgen, um die Nachrichten von
unſerer Ankunft nach Bergen zu überbringen.

Unterdeſſen erhielt ich von dem Mißions = Colle-
gio angenehme Schreiben, welche vom 15. März-
monat 1721 datirt waren. Man benachrichtigte
mich darin, daß der König die Reiſe nach Grönland, um die ich ſeit ſo langer Zeit Anſuchung gethan, gutgeheiſſen hätte; daß ich eheſtens mein
Vocations-Schreiben, als Mißionär nach Grönland zu reiſen, erhalten würde; und daß Se. Ma-
jeſtät mir einen Gehalt von dreyhundert Reichsthalern, und auſſerdem nach zweyhundert Thaler zu
den Zurüſtungen zu meiner Reiſe ausgeſetzt hätten.
Auf ſolche Art gefiel es der göttlichen Vorſehung,
nachdem ſie mich eine Menge von Anfällen, Wi-
derſprüchen, und Proben hatte ausſtehen laſſen,
mich auch die Früchte meines Eifers, und meiner
Standhaftigkeit, genieſſen zu laſſen. Sie ſey da-
für ewig gelobet und gebenedeyet!

Nachdem alles zur Reiſe fertig war, begab ſich
das zum Schiffe gehörige Volk, den 2ten May
1721 in das Schiff, die Hoffnung genannt, woſelbſt es nach verleſenen See-Artickeln, den gewöhnlichen Eyd an den Landrichter von Bergen, und
in Gegenwart vieler Conſorten, und verſchiedener
anderer Perſonen, ablegte. Da ich in Ermangelung eines andern geſchickten Mannes, das Amt,
als Oberhaupt des Rathes, und des Seevolkes,
annehmen muſte, ſo legte ich ebenfalls, als ein

B 5 ſolcher,

solcher, den Eyd der Treue an den Landrichter ab.
Diese Handlung ward mit einer kleinen Rede, und
mit Lobgesängen auf Gott, welch zur Erbittung
seines Beystandes zu dem glücklichen Erfolg unserer Reise angestimmet wurden, beschlossen.

Es war der dritte des Maymonats 1721, als
wir zu Segel giengen. Es waren unserer sechs
und vierzig Personen auf dem einzigen Schiffe, die
Hoffnung; meine Familie mit darunter begriffen.
Das kleine Schiff, welches seine besondern Leute
hatte, fuhr hinter uns her. Was das zum Wallfischfang bestimmte Schiff anbelangt, so war selbiges lange vor uns abgegangen; es hatte aber das
Unglück gehabt, bey einem Sturmwinde ohnweit
Staten=Huck zu stranden. Indessen hob es sich
doch wieder in die Höhe, (es ward flott) und kam
loß, nachdem es seine Masten verlohren hatte; und
langete ohne selbigen wieder in den Hafen zu Bergen zurück, ohne einen einzigen Mann eingebüsset
zu haben. Was uns betrifft, so musten wir, widrigen Windes wegen, ausserhalb des Bergenschen
Hafens, bis zum zwölften des Maymonats vor
Anker liegen; da wir uns sodann mit einem guten
Winde in die See begaben; welcher bis zum vierten des Brachmonats anhielt, an welchem Tage
wir Staten=Huck zu Gesicht bekamen.

Das Land kam uns im geringsten nicht annehmlich vor; denn, es war ganz mit Eis und Schnee
bedeckt; und nahe an der Küste erblickte man grosse
Haufen Eises, unter denen wir einige, welche wie
hohe Berge ausgesehen, antrafen. Von dem vorgenannten Tage an, litten wir fast beständig von
**dem**

dem Sturme, und denen an die zehn bis zwölf
Meilen weit von denen Küsten auf der See herum schwimmenden Eisschollen Schaden. Selbige
erstreckten sich weit weg, nach Norden zu. Bey
schönem Wetter seegelten wir längs an dem Eise,
und suchten eine Oefnung, um an das Land zu
kommen; es war aber unmöglich; denn die Eisschollen waren gleichsam an einander befestigt; welches gar gräulich anzusehen war; und man konnte
kein Ende davon wahrnehmen. Daher musten wir
uns aus dem Eise zurück ziehen, und nach Westen
auf die hohe See fahren, damit wir in Sicherheit
wären, wann uns etwa ein Sturmwind überfallen
sollte. Diese Wendung der Seegel und des Schiffes nun, nahmen wir lange Zeit hindurch vor.
Wir kamen aus dem Eise hervor; kehrten wieder dahin zurück, und konnten abermahls keine Oefnung
finden durchzukommen. Unsere beyde Schiffs-Ca-
pitäne schlugen damahls vor, wieder nach Bergen zurück zu reisen, unter dem Vorwande, weil
ein grosser Theil des Sommers bereits verstrichen,
und keine Hoffnung, das Land zu erreichen, vorhanden war. Diese Rede war im geringsten nicht
nach meinem Sinne. Ich behauptete vielmehr,
daß wir durchaus nicht daran denken müsten, zurück zu kehren, so lange wir noch einen Tag im
Sommer vor uns hätten, dieweil das Schiff, den
Winter über in Grönland bleiben sollte.

Am vierten des Brachmonats befanden wir uns
in der grössesten Gefahr. Wir erblickten uns nehmlich gänzlich im Eise eingeschlossen, und hatten nur
noch zwey Flintenschüsse weit frey, um von einer
Seite

Seite nach der andern umzukehren. Es entstand
eine Furcht und Erschrockenheit unter denen Schiffs-
leuten; welche noch mehr zunahm, als man durch
ein von dem kleinen Schiffe gegebenes Zeichen erfuhr, daß selbiges an dem Eise gestrandet, und von
ihm durchbohret worden. Der Schade ward indessen wieder ersetzet. Der Capitän aber von unserm
Schiffe, kam damahls aus Zagheit, oder auch vielleicht um sich dieserhalb zu rächen, daß ich mich dem
Vorschlage, den er gethan, wieder zurück zu reisen,
widersetzet hatte, herab in die Cajute, und kündigte
meiner Frau, und meinen Kindern an, daß sie sich
Gott befehlen, und zum Tode bereit machen sollten.
Die Gefahr war in der That groß. Der Wind war
hefftig. Den ganzen Tag über war die Lufft voll
dicken Nebel; und dieses daurete bis gegen Mitternacht. Alsdenn aber bemerkten wir mit Erstaunen,
daß wir uns nach und nach immer mehr auf dem hohen Meere befanden; und als sich der Wind geleget
hatte, und der Nebel vergangen war, sahen wir uns
gänzlich von dem Eise befreyet. Auf das Schrecken
folgete Freude. Wir legten den übrigen Theil unsers Weges mit Lust zurück; und langeten endlich
den dritten des Heumonats glücklich auf dem Lande,
nach welches wir soviel geseufzet hatten, an.

Diejenige, welche gern wissen mögten, auf
was für Art ich meine Apostolische Arbeiten,
funfzehn Jahr über, versehen, können sich
aus meinem, im Jahre 1738 in Dänischer
Sprache gedruckten Tagebuche meiner Mission Raths erhohlen.

Beschrei=

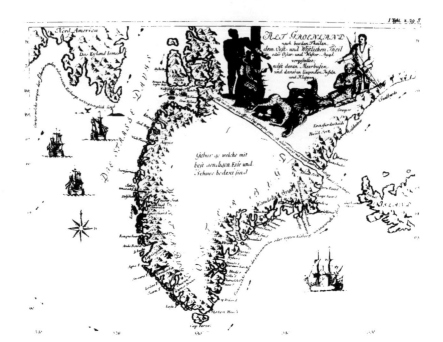

# Beschreibung von Grönland.

## Das erste Capitel.

### Von der Lage und Beschaffenheit Grönlandes. (1)

Die unter dem Nahmen Grönland bekannte Landschaft, liegt nur ungefähr vierzig Meilen gegen Westen von Island, und fängt bey dem 59sten Grade, 50 Minuten, Norder Breite an. Sein östlicher Theil erstreckt sich gegen Norden, zwischen dem 78sten und

---

(1) Eine deutsche Uebersetzung dieses Capitels, unter dem Titul: Von der Lage und Beschaffenheit Grönlandes, st. in den von Christ. Got leb Mengel aus dem Dänischen übersetzten Oeconomischen Gedanken zu weiterem Nachdenken eröffnet, II B. 9 Th. Kopenh. und Leipzig 1762. gr. 8vo. S. 719 ; 722. Anm. d. Uebers.

und 8osten Grade bis an Spizbergen, welches
einige gleichwohl für eine von dem festen Lande
Grönlandes abgesonderte Insel halten. Der westliche Theil ist bis auf siebenzig und einige Grade
bekannt.

### Grönland gränzt ohne Zweifel an der westlichen Seite mit Amerika.

Man hat bis jetzt noch nicht ausfindig machen
können, ob Grönland eine grosse Insel sey, oder,
ob es nordwärts mit andern Ländern gränze. Indessen muß man als gewiß annehmen, daß es auf
der Seite von Norden gegen Westen, mit denen
Ländern in Amerika gränze; weil sich zwischen
Amerika und Grönland, nichts weiter als ein
Meerbusen, eine Vertiefung, oder eine Bucht befindet, welche auf denen Seekarten Strad-David,
die Straet Davis, (die Meerenge Davis) Fre-
tum Davisii,) genannt wird, nach einem gewissen
Engelländer, welcher im Jahre 1585 (2) die erste
Meerenge entdeckt hat, welche bisher die Engelländer, und andere Völker, jährlich wegen des Wall-
fischfanges besucht haben. Bis in das Innerste
aber ist noch kein einziges Schiff gekommen. Nach
dem Bericht, den uns Grönländer, welche tiefer
nach Norden zu wohnen, gegeben haben, befindet
sich nur eine kleine und ganz enge Strasse zwischen
Grönland und Amerika, oder man kann vielmehr

---

(2) In der französischen Uebersetzung des Eggede, steht aus
Versehen die Jahrzahl 1685. A. d. U.

mehr diese beyde Länder angränzend nennen. (*)
Man kann dieses daraus schliessen, daß, je weiter
man nach Norden in gedachter Bucht kömmt, das
Land immer niedriger wird, an statt, daß an denenjenigen Oertern, an welche das grosse Meer vorbey
fließt, das Land mit hohen Felsen und Vorgebür-
gen besetzt ist.

**Es ist ungewiß, ob Grönland auf der Nordöst-
lichen Seite, mit Asien, und der Tartarey,
gränze.**

Man hat vor diesem geglaubt, daß Grönland
auf derjenigen Seite, welche zwischen Mitternacht
und Aufgang liegt, längs Rußlandes, mit Asien
und der Tartarey gränze; und man hatte sich,
ohne Zweifel, in dieser Meynung durch eine Grönländische Fabel eines gewissen Harald-Geed
bestärket, welcher zu Lande von Grönland nach
Norwegen, über Berge und Felsen reisete, und
eine

---

(*) Nach dem Bericht und Urtheil derer Grönländer,
welche sich in der Disco-Bucht unter dem 69sten Grade aufhalten, soll Grönland eine Insel seyn, welches sie aus dem
starken Strome schliessen, der von Norden herunter kömmt,
und die Mitte des Meeres von Eißschollen befreyt erhält.
Sie erzählen auch, daß, da sie auf einer Seite des Meerbusens gewesen, sie mit Leuten, die auf der andern Seite gewesen, gesprochen; daß ihre Sprache dieselbige gewesen; daß hingegen die Thiere daselbst von denen Grönländischen unterschieden wären. Sie sagen ferner, daß nur bloß eine kleine Meer-
Enge, die Scheidewand zwischen Grönland und Amerika sey:
Daß selbige dermassen schmal sey, daß Personen, welche sich an
denen beyden Ufern befänden, nach ein und eben denselben
Fisch mit Wurfpfeilen werfen könnten; daß das feste Land gegen Norden gänzlich mit Eise bedeckt sey, so, daß nichts als
die Inseln davon frey seyn; und daß es auf diesen Inseln
Rennthiere, Gänse, Enten, u. s. f. in so grosser Menge gebe,
daß sie ganz davon bedeckt seyn.

eine Ziege bey ſich führete, deren Milch ihm ſtatt
aller Nahrung auf ſeiner Reiſe gedienet: daher er
auch nachher Harald = Geed, (Harald Ziege)
genannt worden. Vielleicht ward auch dieſe Meynung durch dasjenige, was die alten chriſtlichen
Grönländer ehedem berichtet, beſtätiget, daß nehmlich fremde Reunthiere, und Schaafe aus Norden,
welche an denen Ohren gezeichnet, oder mit Bän-
dern an denen Hörnern verſehen geweſen, ſich bey
ihnen eingefunden hätten; woraus ſie ſchloſſen, daß
Völker in denen mitternächtlichen Gegenden Grönlandes wohnen müſten. Allein, die Reiſe = Nachrichten derer Holländer und einiger anderer Völker gegen Norden, haben das Gegentheil darge-
than. (*)

## Grönland iſt mit Felſen beſetzt, welche mit Eis und Schnee bedeckt ſind.

Grönland iſt ein hohes und mit Felſen beſetz-
tes Land, von denen die höchſten, ſo wie das ganze Land, die See = Seite, und inwendig in denen
Meerbuſen ausgenommen, mit Eis und Schnee,
welche niemahls ſchmelzen, bedeckt ſind. Man kann
die Höhe dieſer Gebirge daraus ermeſſen, weil einige über zwanzig Meilen weit in der See geſehen werden können. Die ganze Küſte dieſes Landes, iſt mit groſſen ſowohl, als kleinen, wie auch
Halb = Inſeln gleichſam befeſtigt. Nach dem Lande
zu laufen von allen Seiten her ungemein viel groſſe Meerbuſen und Flüſſe. Der wichtigſte unter
dieſen

(*) S. Theodor Thorlacius. Zorgdragers Grönländiſche Fiſcherey, im II. Th. im 10ten Cap.

diesen Flüssen, ist der sogenannte Baals-Fluß, unter dem 64sten Grade, woselbst die erste Dänische Loge im Jahre 1721 angeleget worden. Es erstreckt sich selbiger an die 18 bis 20 Meilen weit in das Land.

Die Forbisherstraet ist nicht mehr zu finden.

Dasjenige, was alle Seekarten Forbisherstraet und Baersund nennen, welche, nach Anzeige dieser Karten, zwey grosse Inseln, die vor dem festen Lande liegen, ausmachen sollen, sind Dinge, welche, meines Erachtens, nicht vorhanden sind; wenigstens findet man selbige nicht an denen Küsten von Grönland. Denn, bey der Reise, die ich im Jahre 1723, gegen Süden, um das Land in Augenschein zu nehmen, dahin that, konnte ich nicht das geringste davon entdecken, ob ich gleich bis an den 60sten Grad gekommen war. Heutiges Tages setzen die neuen Karten die nördliche Meerenge auf den 63sten, und die südliche auf den 62sten Grad. Einige von denen Alten hingegen, welchen Thormod in seiner Grönländischen Geschichte gefolget ist, setzt selbige zwischen den 61sten und 60sten Grad, und es sind solchergestalt die Karten hierin gar sehr verschieden.

Die ältern Beschreibungen gedenken dieser Meerenge nicht.

Nächstdem findet man in denen ältern Geschichten oder Beschreibungen des alten Grönlandes, nicht das geringste Wort in Ansehung dieser beyden Meerengen, so wenig, als von diesen beyden grossen Inseln. Denn, es heißt daselbst bloß, daß

C                                    unsere

unſere alte Norwegiſche und Islåndiſche
Landsleute den Anfang gemacht, ſich auf der öſtlichen Küſte von Grönland, gerade gegen und über
Island iederzulaſſen; daß ſie nachher fortgefah-
ren ſich weiter in das Land, und in die Meerbuſen hinein, bis nach der weſtlichen Seite anzu-
bauen; und bey dem Baals-Fluß ohne Zweifel
ſtehen geblieben; woſelbſt man noch würklich Ueberbleibſel von alten Norwegiſchen Gebäuden antrifft.    Da ich nun ſo weit gegen Süden, ſo viele
Merkmahle von ſteinernen Wohnhäuſern gefunden
habe, ſo habe ich daraus den Schluß gemacht, daß
die Gegend, in der dieſe Häuſer befindlich ſind, keine
beſondere Inſel, ſondern mit dem feſten Lande verbunden ſey.    Auſſerdem kann man ſich auch leicht
vorſtellen, daß, da uns die Alten ſo umſtändliche
Beſchreibungen von denen Meerengen, und Inſeln,
welche bewohnt geweſen, hinterlaſſen haben, ſie dieſe beyde groſſe Inſeln, auf denen ſo viele Gebäude
geſtanden, gewißlich nicht vergeſſen haben würden.
Dieſes iſt die Urſach geweſen, warum ich, um den
Zuſammenhang, welcher zwiſchen Oeſter-Bygd,
und Weſter-Bygd, oder denen Wohnplätzen in
Oſten und in Weſten vorhanden iſt, zu zeigen, ge-
genwärtigem Werke eine neue Karte, und eine Vorſtellung von Grönland beygefüget habe, welche
mit dem Thormod, und mit denen neuern Karten
übereinſtimmet, wo ich gefunden habe, daß ſie nicht
denen Beſchreibungen derer Alten, oder demjenigen, was ich ſelbſt angetroffen und bemerkt habe,
widerſprechen.    Das Vorgebirge Farvel (Cap Farvel) iſt eine groſſe Inſel, eine Meile weit von
Sta-

Staten-Zuck, südwärts. In der Meerenge, welche selbiges davon absondert, befindet sich ein so entsetzlicher Strohm, mit dermassen heftigen Strudeln, daß die Felsen davon brechen; und es wehen hierselbst gewaltige Winde, beynahe wie in der Magellanischen Meerenge.

## Das zweyte Capitel.

Von dem ersten Anbau Grönlandes, nebst einer den Untergang derer alten Norwegischen Colonien betreffenden Meynung. Ob auf der östlichen Seite dieses Landes nicht noch einige Ueberbleibsel derer alten Norweger gefunden werden, und ob selbiger District nicht wieder entdeckt werden könne. (3)

Es ist ausser allem Zweifel, daß die Alten, nicht sowohl aus Noth, als vielmehr zur Befriedigung ihrer angebohrnen Neubegierde, verschiedene Händlungen gewaget haben; zu denen unter andern auch vornehmlich eine Menge Colonien, die sie in Ländern, welche vorher niemahls bewohnt gewesen, angeleget haben, zu rechnen sind. Aus

C 2　　der

---

(3) Eine deutsche Uebersetzung dieses Capitels, st. auch in C. G. Mengels oben angeführten Oeconomischen Gedanken, S. 722-746. A. d. U.

der Geſchichte lernen wir überall ſehr viele Länder kennen, welche durch dergleichen Verſuche entdeckt worden ſind. Denn, Gott, welcher den wei-
ten Erdkreis erſchaffen hat, hat nicht gewollt, daß
eine einige Gegend oder Landſchaft, in einer beſtändigen Vergeſſenheit, ohne zum Nutzen derer Menſchen zu dienen, bleiben ſollte. Die Jahrbücher
von Island bezeugen, daß Grönland auf dieſe
Art von unſern Norwegiſchen und Isländiſchen
Vorfahren entdeckt, und bevölkert worden.

### Erich Raude hat zuerſt Grönland und das Volk entdeckt.

Der tapfere Raude, welcher im Jahre Chriſti
982 nebſt einigen andern Isländern, dieſes Land
durch einen ohngefähren Zufall zuerſt entdeckte,
kam, nachdem er ſich die Beſchaffenheit deſſelben
einigermaſſen bekannt gemacht hatte, im Jahre 983
nach Island wieder zurück; woſelbſt die Lobes-
Erhebung, welche er von dem Lande, ſo er Grönland nennete, gemacht, verſchiedene von ſeinen Lands-
leuten ermunterte, mit ihm dahin zu reiſen, um
daſelbſt neue Wohnungen zu ſuchen, und das Land
zu bevölkern. (*)

### Der Chriſtliche Glaube wird in Grönland eingeführet.

Kaum waren ſie daſelbſt angelanget, ſo gab ihnen
auch Gott das Licht des Evangeliums zu erkennen.
Denn,

---

(*) Die Geſchichtſchreiber ſind in Anſehung des Zeitpunktes
und Anfanges der erſtern Colonien in Grönland nicht einſtim-
mig. Die Isländer ſetzen ſelbigen vorerwähntermaſſen in das
Jahr

Denn, nachdem Leif, der Sohn des Erich
Raude, von dem Könige Oluf Cryggeſön, dem
erſten chriſtlichen Könige in Norwegen, in dem
chriſtlichen Glauben unterrichtet worden, brachte
derſelbe auch einen Prediger aus Norwegen mit
nach Grönland, welcher die ſämmtliche Landes-
Einwohner unterrichtete und taufte.

Selbiger hat daſelbſt bis in das Jahr 1406
geblühet.

Solchergeſtalt ward Grönland anfänglich von
Norwegern und Jsländern beſetzt, und von
Zeit zu Zeit mit neuen Colonien bereichert. Man
errichtete daſelbſt viele Kirchen und Klöſter, und
verſahe es mit Biſchöfen und Gottesgelehrten, ſo
lange der Briefwechſel und die Schiffahrt zwiſchen
Norwegen und Jsland daureten; nehmlich, bis
in das Jahr 1406, als in welchem der letzte Biſchof dahin geſandt wurde.

Grönland war vorher, ehe die Norweger daſelbſt
anlangeten, von einem wilden Volke bewohnt.

Indeſſen waren die Norweger nicht die erſten
urſprünglichen und natürlichen Bewohner dieſes
Landes; denn, kurz nach ihrer Ankunft, trafen ſie
in dem weſtlichen Theile Grönlandes ein wildes
Volk an, welches ohne Zweifeifel von denen Ame-
rika-

C 3

Jahr 982. Pontan hingegen in ſeiner Geſchichte Dännemarks
ſetzt dieſe Begebenheit unter das 770ſte Jahr, und gründet
ſeine Meynung auf eine Bulle, welche der Pabſt Gregorius
der Vierte dem Biſchofe Ansgar zugeſandt hat, und in welcher die Fortpflanzung des chriſtlichen Glaubens, ihm als Ertz-
Biſchofe von denen nordiſchen Ländern, und vornehmlich von Jsland und Grönland, anempfohlen wird.

rikanern abſtammete; wie ſich ſolches aus der Ge=
müths-Beſchaffenheit, Lebensart und Kleidung der
Völker, welche nordwärts von Hudſonsbay wohnen,
und von denen Grönländern im geringſten nicht
unterſchieden ſind, muthmaſſen läßt. Selbige werden
von Norden, welches anjetzt die Straet Davis ge=
nennet wird, immer weiter nach Süden vorgerücket
ſeyn; und dem Berichte nach haben ſelbige mit denen
Norwegiſchen Völkern öffters Krieg geführet.

### Urſach der Aufhebung der Gemeinſchaft zwiſchen Grönland und Norwegen.

Was aber die Urſach, warum dieſe Norwegiſche
Colonien, welche ſo vollkommen wohl eingerichtet
geweſen zu ſeyn ſchienen, eingegangen, anlanget,
ſo wird nicht der geringſte weſentliche Grund davon
angegeben.　Man ſagt bloß, daß die Aufhebung
der Schiffahrt zwiſchen Norwegen und Grön=
land, theils durch die Veränderung der Regierung
verurſacht worden, welche auf die Königin Mar=
garetha gefallen; und durch die beſtändigen Krie=
ge zwiſchen Dännemark und Schweden, welche
verhinterten, daß man ſich die Ausrüſtung der
Schiffe im geringſten nicht angelegen ſeyn ließ;
theils durch die Gefahr und Schwierigkeit der
Schiffahrt, welche verurſachten, daß man keine
Nachrichten von dem Zuſtande der Colonie einzie=
hen konnte.

### Grönland iſt in zwey Bezirke (Diſtrikte) abge= theilt, und die Schrellinger verwüſteten den weſtlichen Theil.

Die alten Geſchichte und Beſchreibungen thun
zweyer Diſtrikte Erwehnung; nehmlich der öſtlichen
(Oſter=

(Oster-Bygd,) und der westlichen Colonie (We-
ster-Bygd.) Was diese letzte betrift, welche
vier Pfarrkirchen, und hundert Dörfer unter sich
begriff, so lehren uns die Alterthümer von Grönland, daß sie in dem vierzehnten Jahrhunderte
durch die Wilden, welche damahls Schrellinger
genannt wurden, verwüstet, und dermassen zu
Grunde gerichtet worden, daß, als die Einwohner
der östlichen Colonie ihr zu Hülfe gekommen, und
die Schrellinger, welche die Christen überfallen
hatten, zurücktreiben wollen, sie das Land ganz
wüste gefunden. Sie trafen nichts, als Vieh,
und zwar Rinder und Schafe, in ziemlich grosser
Menge an, welches hin und her auf den Wiesen
und Feldern umher lief. Sie schlachteten etwas
davon, brachten es in ihre Schiffe, und nahmen
es mit sich zurück. Man siehet hieraus, daß die
Norwegischen Christen des westlichen Distrikts,
von denen Wilden, welches Heyden gewesen, ausgerottet worden.

### Was denen heutigen Einwohnern davon bekannt sey.

Die heutigen Grönländer, welche von diesen
Schrellingern herstammen, können uns keine
zuverläßige Nachricht hierüber ertheilen. Sie wissen weiter nichts, als, daß die Häuser, von denen
man noch würklich die Ueberbleibsel findet, ehedem
von einem Volke, welches von ihnen unterschieden
war, bewohnt gewesen. Indessen bekräftigen sie
doch dasjenige, was man in der ältern Geschichte
C 4 lieset;

lieſet; daß nehmlich ihre Vorfahren dieſes Volk be-
krieget, und es ausgerottet. (\*)

### Der öſtliche Theil iſt völlig unbekannt.

Was aber den gegenwärtigen Zuſtand der öſtlichen Colonie anlanget, ſo hat man von ſelbigem
nicht die geringſte Nachricht, wegen des Trieb-Ei-
ſes, welches beſtändig aus Norden, oder von
Spitzbergen herunter treibt, ſich in Menge an
die

---

(\*) Die Grönländer erzählen eine lächerliche Geſchichte, in
Anſehung des Urſprunges unſerer Landsleute, welche ſie Kab-
lunäts nennen, desgleichen der Art, wie ſelbige von ihren
Vorfahren ausgerottet worden. Nach dem Bericht dieſer Geſchichte, gebahr ein Grönländiſches Weib zugleich einen Kablunät, und einen jungen Hund. Die Aeltern wurden über
dieſe Mißgeburt verdrüßlich, begaben ſich aus ihrem Lande,
und verlieſſen ihre Landsleute. Als die Geburten heran wuch-
ſen, machten ſie ihrem Vater viel Bekümmerniß, welcher ſie
endlich nicht länger leiden konnte, ſondern ſich von ihnen ab-
ſonderte, und einen andern Aufenthalt vor ſich ſuchte. Allein,
ſeine Kinder faſſeten einsmahls den Entſchluß, ihn aufzufreſſen,
ſobald er zu ihnen kommen würde. Dieſes geſchahe auch bald
nachher, da er ſich, nach ſeiner Gewohnheit einſtellete, und
ihnen ein Stück Seehund-Fleiſch brachte. Kablunät gieng
ihm ſofort entgegen, und nahm das Stück Fleiſch, welches er
mitgebracht hatte, von ihm an. Kaum aber war er wieder zu
Hauſe, ſo fielen ihn die Hunde an, fraſſen ihn auf, und ver-
zehrten nachher den Seehund. Als ſie ſich eben auf einer Inſel aufhielten, fügte es ſich, daß ein Innuit, oder Menſch,
(ſo nennen die Grönländer ſich ſelber) auf die Inſel angeru-
dert kam, und ohngefähr nach einen Vogel ſchoß, ohne ihn zu
treffen. Ein Kablunät, welcher ſich auf einem Vorgebirge
befand, bildete ſich ein, daß er nicht getroffen werden könnte;
ſetzte ſich daher auf die Erde, an dem Ufer der See, und
ſchrie ihm ſpottweiſe zu: Schieſſe nach mir, ich will ein
Alk (eine Art eines Seevogels) ſeyn, wofern du mich treffen
kannſt! Sogleich ſchoß der Innuit nach ihn, und erlegte ihn.
Dieſe Mordthat veranlaßte nachher beſtändige Uneinigkeiten und
Kriege zwiſchen denen Kablunären und Innuiten. Letztere
behielten endlich die Oberhand, und rotteten die andern aus.

die Küste anlegt, und verursacht, daß man anjetzt
nicht, weder mit Schiffen, noch mit kleinen Fahrzeugen, nach dieser Gegend kommen kann.

**Zur Zeit des Unterganges der westlichen Colonie**
**war die Oestliche annoch im gehörigen**
**Stande.**

Man sieht aber aus dem Zuge, den die östliche
Colonie gegen die Schrellinger vorgenommen, daß sie zu der Zeit, da die westliche verwüstet worden, bestanden. Kein einiger von denen
alten Schriftstellern hat das Jahr, in welchem diese Begebenheit vorgefallen ist, aufgezeichnet. Indessen läßt sich aus verschiedenen Merkmahlen, welche man seit der Zeit zu Gesichte bekommen hat,
schliessen, daß die alte Colonie des östlichen Grönlandes noch nicht völlig zerstöhret, und untergegangen sey; wie uns denn Thormod, in seiner
Grönländischen Geschichte, unter andern folgende Umstände berichtet:

**Der Bischof Amund näherte sich im sechzehnten**
**Jahrhunderte dieser Küste.**

Amund, der Bischof zu Skalholt in Island,
welcher im Jahre 1522 die Weihe empfieng, 1540
aber sein Bischofthum wieder niederlegte, ward
auf seiner Rückreise von Norwegen nach Island
durch einen heftigen Sturm von der westlichen
Küste, nach der Küste von Grönland verschlagen.
Er schiffete einige Stunden lang ziemlich weit nach
Norden zu herum, und nahm gegen Abend die
Landspitze von Herjolfnaes wahr. Er befand sich
dermassen nahe an die Küste, daß er ganz deutlich

C 5       erken-

erkennen konnte, wie die Einwohner ihre Schafe und Lämmer auf die Weide führeten. Weil aber der Wind mit einemmahle gut ward, ſegelte er nach Island, und ländete den folgenden Tag in dem St. Patriks-Meerbuſen, auf der Weſtſeite der Inſel, gerade zu der Zeit, als man die Kühe melkete, an.

### Ein Hamburger findet Spuhren derer alten Norweger.

Biörn von Skardſaa, nach dem fernern Berichte des Thormod Torfäus, erzählt folgende Begebenheit: Ich erinnere mich, daß es ſich zugetragen, daß ein gewiſſer John, mit dem Zunahmen Grönländer, welcher lange denen Hamburgiſchen Kaufleuten, als Schiffs-Capitän gedienet, einsmahls unter die hohe Klippen von Grönland verſchlagen worden, und ſich daſelbſt in Gefahr befunden, Schiffbruch zu leiden, zum Glück aber erreichte er noch einen groſſen Meerbuſen, welcher aus ſehr vielen Inſeln beſtand. Er warf den Anker neben einer Inſel, welche gar nicht bewohnt war, aus; ward aber ſogleich in der Nachbarſchaft verſchiedene andere bewohnte Inſeln gewahr, denen er ſich, aus Furcht vor den Einwohnern, nicht zu nähern getrauete. Endlich ſetzte er dennoch ſein Schiffsboot aus, und fuhr damit nach der nächſten Wohnung, welche ſehr klein war. Er fand daſelbſt allerhand Schiffs-Geräthe, und eine Fiſcher-Hütte; oder eine kleine von Steinen aufgeführte Hütte, um Fiſche, auf Isländiſche Art, darinn zu dörren; auſſerdem ſahe er auch daſelbſt den Körper eines todten Menſchen, mit dem Angeſicht auf der Erden,

Erben, liegen. Selbiger hatte eine an seine übrige
Kleidung angenähete Müße auf dem Kopfe; welche
Kleidung theils aus einem grobem Tuch,
theils aus Seehund=Fellen bestand. Neben dem
Leichnam lag ein altes abgenutztes Messer, welches
gedachter John, als etwas sonderbares mit nach
Island nahm. Weil ihn der Sturm zu drenen-
mahlen an die Küsten von Grönland verschlagen
hatte, gab man ihm den Zunahmen des Grön-
länders. Diese Nachricht, spricht Theodor Thorlacius, kann nicht über hundert Jahre alt seyn;
und zwar aus dem Grunde, weil es nicht über 30
Jahre her ist, daß Biörn von Skardsa seine
Anmerkungen zu diesen Jahrbüchern verfertiget hat.
Man hat zum öftern, fährt gedachter Schriftsteller ferner fort, auf der Küste von Island, alte
Stücke Bretter von Schiffsböten gefunden, die,
wenn man sie zusammen setzte, zeigten, daß sie einer
Hand breit, mit einem Harz, oder Leim von See-
hunde=Fett überzogen waren. Nun ist gewiß, daß
diese Art von Harz nirgends, als nur allein in
Grönland gebräuchlich gewesen. Ein dergleichen
Boot, fährt er fort, ward im Jahre 1625, neben
ein Vorgebürge auf die Küste Reichestrand geworfen. Selbiges war sehr künstlich gearbeitet,
und mit Nägeln befestigt. Es glich demjenigen
Boote, auf welchem Asmund Kastenracius, im
Jahre 1189, mit zwölf Mann in Island ange-
landet: und war mit hölzernen Nägeln, und Sennen der Thiere befestigt. Der Bischof Theodor
setzt in seinem Buche de novitiis Groenlandorum
indiciis, noch hinzu, daß die See vor etlichen Jahren

ren ein Ruder an den öſtlichen Strand Islandes
hingetrieben habe, auf welchem folgende Worte mit
Runiſchen Buchſtaben geſchrieben ſtanden: Oft
var ek daſudar ek dro dik, das heißt: Oft war
ich müde, als ich dich trug.

### Mönch, welcher in Grönland gebohren ſeyn ſoll.

Ich finde ferner in einem deutſchen Schriftſteller, Nahmens Dithmar Blefken, eine Nachricht
von einem Mönche, welcher in Grönland gebohren worden, und mit dem Biſchofe dieſes Landes,
im Jahre 1545 eine Reiſe nach Norwegen gethan. Er hielt ſich im Jahre 1546 zu Island
auf, und gedachter Schriftſteller verſichert, daſelbſt
perſönlich mit ihm geſprochen zu haben. Dieſer
Mönch ſoll ihm erſtaunliche und merkwürdige Dinge von einem Dominicanerkloſter in Grönland,
das St. Thomaskloſter genannt, erzählt haben,
wo ihn ſeine Aeltern ganz jung herein gebracht, damit er ein Mönch werden ſollen.

### Es wird dieſes vom Arngrim widerlegt.

Da aber gedachter Blefken, ſowohl in Anſehung dieſer Begebenheit als auch anderer, in ſeinem Buche enthaltenen, Dinge wegen, vom Arngrim in ſeiner Anatome Blefkeniana, widerleget
worden, ſo kann man ſich gar nicht auf ſeinen
Bericht ſchlechterdings verlaſſen Indeſſen wird
dennoch das von ihm angeführte von einigen
Schriftſtellern bekräftiget.

Nach-

### Nachricht des Jakob Hall, von vorgedachtem Grönländischen Mönche.

Erasmus Francisci schreibet an einem Orte seines Ost- und Westindianischen Staatsgartens, wo er von Grönland handelt, daß einem Dänischen Schiffscapitän, Nahmens Jakob Hall, vom Könige aufgetragen worden, eine Reise nach Grönland vorzunehmen; daß er zuerst in Island angeländet sey, woselbst er sich von dem Dänischen Statthalter in demjenigen, was den Zustand von Grönland betraf, wovon er nicht die geringste Kenntnis hatte, unterrichten ließ; und daß er desto besser von allen Dingen Nachricht einziehen mögte, habe man ihm einen Mönch vorgestellet, welcher in Grönland gebohren seyn sollte, und von welchem gedachter Jakob Hall folgendes berichtet: „In Island ist ehedem ein „Mönchskloster, Helgefield genannt, gewesen, „worinn sich, obschon dasselbe verlassen, und wüste „gelegen, doch noch ein Mönch befunden, wel- „cher in Grönland gebohren war, ein breites „Gesicht hatte, und braun aussahe. Diesen Mönch „ließ der königliche Statthalter in Gegenwart des „Capitäns, Jakob Hall, vor sich fordern, damit „er ihm eine umständliche Erzählung von Grön- „land machen mögte. Als dieser Mönch erschien, „und die Ursach erfuhr, warum man ihn hatte „rufen lassen, erzählte er, wie ihn seine Aeltern, „als er noch jung gewesen, in ein Kloster gethan; „daß ihn der Bischof von Grönland, der ihn „zum Mönch angenommen, mit sich genommen, „und nach Grönland gebracht, woselbst er sich unter

„unter den Schutz des Bischofes von Dront‑
„heim, unter dessen Gerichtsbarkeit auch die ge‑
„samte Isländische Geistlichkeit stand, begeben
„hätte: daß er, da sie wieder zurück gekommen,
„abermahls in ein Kloster gegangen wäre; und
„daß dieses im Jahre 1546 geschehen sey. Er
„erzählte ferner, daß in dem St. Thomasklo‑
„ster, wo er gewohnet, sich ein Brunnen von
„siedendheissem Wasser befände, welches man durch
„Röhren in alle Gemächer geleitet hätte, und
„welche auf diese Art erwärmet würden.„

Man kann sich auf diese Nachricht eben nicht
gar sehr verlassen.

Man hat aber noch Ursach, an der Zuverläs‑
sigkeit dieser Nachricht zu zweifeln, indem man
davon nicht ein einziges Wort, weder in denen
Archiven, noch in denen Jahrbüchern Dänne‑
marks antrift.

Was das St. Thomaskloster an und vor
sich anlanget, so hat es wohl mit der Erzählung
seine Richtigkeit; denn man findet in denen Ge‑
schichten des alten Grönlands Erwähnung da‑
von. Nicolaus Zenetus, ein Venetianer,
und Schifscapitän in königlichen Diensten, hatte,
da er nach der Küste von Grönland war ver‑
schlagen worden, im Jahre 1380 Gelegenheit,
dieses Dominikanerkloster zu besehen. Sein Be‑
richt davon, welchen Kircher anführt, lautet fol‑
gendergestalt: „Man sieht daselbst noch ein Do‑
„minikanerkloster, welches dem heiligen Thomas
„gewidmet ist: und nicht weit davon befindet sich
„ein feuerspeyender Berg, unter welchem eine ko‑
„che‑Ro‑

„chendheiſſe Quelle hervorbricht. Das Waſſer da-
„von wird vermittelſt etlicher Röhren in das Klo-
„ſter geleitet, und erwärmet daſelbſt nicht nur
„alle Kammern der Mönche, ſo wie wir un-
„ſere Zimmer vermittelſt des Feuers warm ma-
„chen; ſondern, man bedient ſich deſſelben auch
„zum Kochen, und ſogar auch zum Brodbacken.
„Der feuerſpeyende Berg wirft ſehr vielen Püms-
„Stein aus, wovon auch das ganze Kloſter er-
„bauet iſt. Gleichermaſſen ſind auch daſelbſt un-
„gemein ſchöne Gärten befindlich, welche durch
„das vorerwähnte warme Waſſer gewäſſert wer-
„den, und mancherley Blumen und Früchte her-
„vorbringen. Nachdem nun dieſes Waſſer durch
„den Garten gelaufen, ergießt es ſich in den näch-
„ſten Meerbuſen. Daher kömmt es, daß dieſes
„Waſſer niemahls zufriert; und dieſerhalb ver-
„ſammlet ſich auch daſelbſt eine groſſe Menge von
„Fiſchen und Vögeln, welche denen Einwohnern
„in der Nachbarſchaft zur Nahrung dienen.„

**Der Bericht des Biörn von Skårdſaa, ir Anſe-
hung des Amunds, iſt weit glaubwürdiger.**

Unter denen bisher angeführten Berichten, iſt
die Erzählung des Biörn von Skårdſaa, in
Anſehung des Amunds, Biſchofes zu Skalholt,
der nach der Grönländiſchen Küſte verſchlagen
worden, die glaubwürdigſte. Man erſieht aus
ſelbiger, daß die Oſterbygd, oder öſtliche Pflanzſtadt, noch ohngefähr hundert und funfzig Jahre
nach geſchehener Unterbrechung der Schiffahrt, und
gar

des gemeinschaftlichen Umganges zwischen Norwegen und Grönland, gestanden; und daß es
gar wohl möglich sey, daß sie noch heutiges Tages von ihren alten Norwegischen Einwohnern
nicht völlig entblößt sey.

### Die heutigen Grönländer können in Ansehung des östlichen Theils von Grönland nichts gewisses sagen.

Man kann nichts gewisses in dieser Absicht von
denen heutigen Grönländern sagen; denn, sie
halten nicht den geringsten Umgang mit ihnen;
theils, weil sie wegen des Eises nicht in das Land
hinein können; theils, weil sie fürchten, von ihnen umgebracht und aufgefressen zu werden. Denn,
sie beschreiben selbige als ein grausames und bar-
barisches Volk, welches die Fremden ermorde,
und auffresse. Nach dem Berichte indessen dererjenigen, welche ziemlich weit nach der östlichen
Küste vorgedrungen sind, findet sich in dem Lande,
das sie gesehen haben, keine andere Art von Völkern, als diejenige ist, welche an der Westseite
wohnet. Was hat aber die östliche Colonie,
welche von Norwegern und Jsländern so stark
besetzt gewesen; ausser dem Bischofthume, und
zweyen Klöstern, zwölf Pfarr-Kirchen, und 190
Dörfer unter sich begriffen; und bis in das Jahr
1540, oder da herum, gestanden hat, für ein
Schiksal gehabt? Jst sie nachher zu Grunde gegangen? Dieses kann man weder begreifen, noch
herausbringen.

Wofern

Wofern man in diesem östlichen Theile keine Nachkommen von denen alten Norwegern mehr findet,
so muß es ihnen eben so, wie denen Einwohnern des westlichen Bezirkes gegangen seyn.

Die Meynung dererjenigen, welche glauben, daß
die schwarze Pest, welche in dem Jahre 1348 in
denen nordischen Ländern eine so grosse Zerstöhrung
angerichtet, auch die Einwohner Grönlandes dahin geraffet habe, ist gänzlich ungegründet; denn
die Schiffahrt, und der gemeinschaftliche Umgang
haben nach Grönland bis in das Jahr 1406 ge-
dauret; und man sieht hiernächst auch, daß die Colonie noch gegen das 1540ste Jahr in vollkommen
guten Stande gewesen sey; daß solchergestalt,
wenn die Nachkommen derer alten Norweger
heutiges Tages gänzlich ausgegangen seyn sollten,
ihnen nothwendig eben dergleichen, als denen Einwohnern des westlichen Bezirkes, welche nehmlich
von denen Schrellingern um das Leben gebracht
worden, wiederfahren sey.

Vorhaben des Erzbischofes zu Drontheim, Wal-
kendorfs, zur Entdeckung Grönlandes.

Dieses gab Anlaß, hundert Jahre nach geschehe-
ner Aufhebung des gemeinschaftlichen Umganges
zwischen Grönland und Norwegen, auf Mittel
bedacht zu seyn, Nachricht von dem Zustande der
östlichen Colonie einzuziehen, selbige aufzusuchen,
und zu entdecken. Erich Walkendorf, Erzbi-
schof zu Drontheim, war der erste, welcher wieder an Grönland dachte, und willens war, auf
seine eigene Unkosten ein Schiff, zur abermahligen
Entdeckung dieses Landes, abzuschicken. Es gerieth

D                                   aber

aber dieſes Vorhaben ins Stecken, weil er damahls einigermaſſen bey dem Könige, **Chriſtian** dem zweyten, in Ungnade fiel.

**Friedrich** der **Erſte** hatte eben dergleichen Gedanken, führete es aber nicht aus. **Chriſtian** der Dritte läßt ein Schiff abgehen, welches aber das Land nicht finden kann.

Nach ihm, war der König, **Friedrich** der **Erſte**, geſonnen, ein Schiff nach **Grönland** abzuſenden; er kam aber mit dieſem ſeinem Vorhaben nicht zu Stande. Der König, **Chriſtian** der Dritte, ließ zwar, nach **Lyſcanders** Berichte, ein Schiff, um **Grönland** aufzuſuchen, abgehen; es kam aber ſelbiges unverrichteter Sache wieder zurück, weil er das Land nicht finden konnte.

**Mogens Heinſon** ward von **Friedrich** dem zweyten dahin geſchickt. Er gab vor, daß ſein Schiff von magnetiſchen Klippen, welche unter dem Waſſer verborgen lägen, aufgehalten ſey.

**Friedrich** der **Zweyte** folgte ſeinem Vater in der Regierung, und zugleich auch in dem Vorhaben, **Grönland** aufſuchen zu laſſen. Er ſchickte im Jahre 1578 den **Mogens Heinſon**, einen ſehr berühmten Seehelden ab, welcher **Grönland** zu entdecken ſuchen ſollte. Nach vielen, wegen des Eiſes und Sturmes, ausgeſtandenen Gefahren und Beſchwerlichkeiten, bekam dieſer zwar würklich das Land zu Geſichte: allein, er konnte nirgends durch und ankommen. Er gab vor, daß er gar wohl hätte in das Land kommen können, wann ſein Schiff nicht mit einemmahl aufgehalten worden wäre; und zwar, wie er vermuthete, durch die magnetiſche

Krafft

Krafft derer im Grunde der See befindlichen Klippen; dergestalt, daß, da er sich auf freyer See befunden, und im geringsten kein Eis vor sich gehabt, auch das stilleste und schönste Wetter gewesen, er doch nicht weiter fortkommen können, ohnerachtet der Wind günstig, und leidlich kühl gewesen. Hierüber nun gerieth er in solches Erstaunen,
daß er ohne Bedenken den Rückweg nach Dännemark suchte. Allein, die wahre Magnet-Klip-
pen, welche des Heinsons Schiff aufgehalten, sind
ohne Zweifel entweder die Furcht gewesen, daß er
zwischen der erschrecklichen Menge des Eises, so er
vor sich sahe, nicht würde durchkommen können;
oder ein widriger Strom, den er gegen Straten-
huck vorgefunden haben wird, und welcher dermaß-
sen stark gewesen seyn mag, daß das Schiff, aller
seiner aufgespannten Seegel ohnerachtet, nicht weiter hat kommen können. Was aber andere vorgeben, daß er von dem Fische Remora, (4) wel-

D 2
ches

(4) Der Fisch Remora, wird auch *Remiligo* und *Echeneis*,
auf Deutsch: der Schiffhalter, der Stopffisch, der Sauger,
die Seelamprete, genannt. Nachricht von der Remora: st.
im Dresdnischen Magazin, I. B. 7. St. Dresd. 1759. 8vo.
Art. 4. S. 459. f. In Jo. Rud. Camerarii *Memorabilium Me-
dicinæ* Cent. IX. *Augustæ Trebocc.* 1628, 12. stehen folgende
Untersuchungen darüber: Art. I. Remora Piscis ore nauem
sistit; Art. II. Inquisitio causæ, ob quam Echeneis moretur
naves; Art. III. Nullam omnino causam naturalem inueniri,
cur pisciculus tantillus nauem moretur: Art. IV. RONDELE-
TII opinió de vi Remoræ; Art. V. HIERON. FRACASTO-
RII de Echeneide, quomodo firmare nauigia possit, opinio
refellitur, propriaque SCALIGERI asseritur; Art. VI, Exclama-
tio & admiratio miræ vis Remoræ, remorandi naues. *Lettres
à Mr. de JEAN, sur les maladies de St. Dominge, sur les
plantes de la mesme isle, & sur la Remora, (par Mr. CHE-*
VA-

ches ohne Zweifel eben der Fisch ist, welchen die
Nordländer Kracken nennen, im Laufe aufgehalten worden, sey, ist eben so lächerlich und un-
glaublich, als das vorige, daß nehmlich ein im
Grunde der See verborgener Magnet, ein Schiff
in seinem Laufe aufgehalten haben sollte.

**Martin Forbisher wird von der Königinn Eli-
sabeth zur Entdeckung Grönlandes abgeschickt,
und bringt 300 Fässer silberhaltigen Sand
von dannen mit.**

Die Geschichte melden, daß in eben dem Jahre,
da Mogens Heinson nach Grönland abgeschickt
worden, ein Englischer Schiffshauptmann, Nahmens Martin Forbisher von der Königin Eli-
sabeth Befehl erhalten habe, mehrgedachtes Land
ebenfalls aufzusuchen. Er bekam es auch zwar zu
sehen, konnte aber nicht daselbst anländen, theils
wegen des vielen Eises, theils auch, weil es zu spät
im Jahre, und der Winter vor der Thüre war,
weshalb er wieder von dannen umkehren muste.
In dem folgenden Frühjahre ward er mit drey
Schiffen abgeschickt, und war so glücklich, daß er
nach vielen Gefahren, welche das Eis und die

Sturm-

---

VALIER,) sind 1752, zu Paris, in gr. 12. auf 254 Seiten
herausgekommen. *Lettera del Padre* FRANCESCO ESCHI-
NARDI, *al Sgr.* FRANCESCO REDI, *nella quale si conten-
gono alcuni discorsi fisico-mathematici, in dessen vierten Discurse
vom Fische Remora gehandelt wird, erschien zu Rom 1681
in 4. Eine Recension davon st. in den *Supplem. Act. Erud.
Lips. To. I. Sect. 1. S. 7. f.* Dieser Discurs ist auch von
dem Herrn Verf. in das Lateinische übersetzt, und nebst dem
ersten *de perfossione Isthmi inter mare rubrum & mediterra-
neum,* in seinen zu Rom 1684 in 4. herausgegebenen Tractat *de Impetu,* eingerückt worden. Anm. d. Ueb.

Sturmwinde verursacht hatten, endlich ans Land
kam. Er traf daselbst ein wildes Volk an, welches, als es die Engelländer auf sich zu kommen
sahe, in Schrecken gesetzt wurde, seine Hütten verließ, und sich hier und da zu verbergen suchte.
Einige stiegen auf die Felsen, und stürzten sich von
denenselben in das Meer. Die Engelländer giengen nach einer Hütte dieser Wilden, woselbst sie ein
altes Weib, eine schwangere Frau, und ein kleines
Kind antrafen, so sie mit sich nahmen. Sie ent-
deckten an diesem Orte eine Art Sandes, welcher
silber- und goldhaltig war. Sie füllten dreyhundert Fässer davon an, und brachten selbige mit
nach Engelland.

### Sein Bericht ist voll Unwahrheiten.

Ich zweifele aber sehr, daß sie diesen Gold- und
Silber-haltenden Sand in Grönland gefunden
haben werden; und werde in meiner Meynung
dadurch bestärkt, wann ich dasjenige, was gedachter Forbisher von der Höflichkeit und Manierlichkeit eines gewissen benachbarten Volkes meldet,
lese. Selbiges soll, nach seinem Bericht, einen
König, den sie Kakiunge nannten, gehabt haben,
den seine Unterthanen auf ihren Schultern trugen,
und welcher herrliche Kleidungen, die mit Gold
und kostbaren Steinen geschmückt gewesen, an gehabt: Umstände, welche weder mit dem Zustande
Grönlandes, noch mit der gemeinen und schlech-
ten Weise dessen Einwohner, übereinstimmen! Es
ist weit wahrscheinlicher, daß das Land, aus dem
sie diesen reichen Sand mitgebracht, Peru, oder

D 3                                        Meri-

Mexico, als in welchen Ländern ein grosser Ueber
fluß an Gold und Silber war, gewesen.

## Christian der Vierte schicket viermahl Schiffe
nach Grönland.

. Wir wollen aber diese ungewissen Berichte fahren lassen, und bloß unsre Betrachtung auf den glücklichen Erfolg richten, den die von denen Königen
Dänemarks, auf die Entdeckung Grönlandes
gewandte Mühe und Sorgfalt gehabt haben. Wir
finden würklich, daß nach Friedrich dem Zweyten, Christian der Vierte zu vier unterschiedenen
mahlen Schiffe nach Grönland abgeschickt habe,
obgleich sein Vater und Großvater dieses Land vergeblich hatten suchen lassen.  Die erstere von diesen Reisen geschahe, unter Anführung des Admi-
rals, Götzke Lindenau, mit dreyen Schiffen.
Laut des Berichtes von dieser Reise, ländete Lindenau, (woran ich aber sehr zweifle,) selbst auf der
östlichen Küste von Grönland an; traf aber daselbst ein ganz wildes Volk, welches von eben den
Sitten, und Gemüthsbeschaffenheit war, als diejenige, welche Martin Forbisher gefunden hatte,
an.  Er blieb drey Tage daselbst, in welcher Zeit
die wilden Grönländer zu ihm kamen, und ihm
vor einige kleine Waaren, als Messer, Nadeln,
Spiegel, und dergleichen, unterschiedliche Sorten
Felle, und kostbare Stücke Hörner brachten.

## Von der ersten Reise brachte Lindenau zwey
Wilden mit nach Coppenhagen.

Als er den Anker gelichtet, und wieder zurück
reisen wollte, behielt er zwey Grönländer auf seinem

nem Schiffe zurück, welche die letzten auf demselben
geblieben waren; und als sich dieselben alle mögliche Mühe gaben, davon zu kommen, und sich in
das Meer zu stürzen, muſte man sie anbinden, und
genau Achtung auf sie geben laſſen. Als ihre Landsleute, welche an der Küſte ſtunden, ſahen, daß man dieſe
zwey Cameraden gefangen behielt, und mit hinweg
führen wollte, erhoben sie ein entſetzliches Geheule,
wurfen mit Steinen, und ſchoſſen mit Pfeilen nach
dem Schiffsvolke: so, daß dieſe letztern ſich genöthiget ſahen, eine Canone auf sie zu löſen, um ſie
in Furcht zu ſetzen, und zu verjagen; worauf denn
die Reiſe fortgeſetzet ward. Die andern beyden
mit dem Lindenau abgegangenen Schiffe, waren
über das Vorgebirge Farvel hinausgefahren,
und bis in die Meerenge Davis geſegelt, woſelbſt sie verſchiedene gute Seehäfen, und angenehme grüne Wieſen, nebſt einem wilden Volke, von
eben der vorerwähnten Beſchaffenheit, antrafen.
Sie fanden gegen die Grenze einige Steine, welche Silber in sich hielten. Sie nahmen etliche davon mit, und man brachte aus hundert Pfunden
dieſer Steine ſechs und zwanzig Unzen Silber heraus. Es iſt aber noch ungewiß, ob sie ſelbige auf
der Grönländiſchen Küſte, oder gegen über auf
der Seite von Amerika gefunden. Dieſe Schiffe
brachten vier Wilde mit nach Coppenhagen.

Auf der zweyten Reiſe nahm man die vier Wilde wieder mit zurück.

Die zweyte Fahrt, welche eben dieſer König nach
Grönland anſtellen ließ, geſchahe im Jahre 1606.
Fünf Schiffe giengen unter dem Befehle des Ad-

mirals Lindenau ab; und er nahm drey von denen Wilden, welche er aus Grönland entführt hatte, wieder mit zurück: denn der vierte war unterweges gestorben. Lindenau richtete bey dieser Reise seinen Weg auf das Vorgebirge Farvel, und gieng bis in die Meerenge Davis, woselbst er hier und da einige Plätze in Augenschein nahm, und nachher wieder nach Dännemark zurück zu reisen, sich entschloß.

Bey der dritten Reise sahe man das Land; konnte aber nicht heran kommen.

Die dritte und letzte Schiffahrt, welche von dem Könige, Christian dem Vierten, zur Entdeckung Grönlandes unternommen ward, geschahe mit zweyen Schiffen, unter der Anführung des Schiffs-Hauptmanns, Carsten Richards, eines Holsteiners. Es konnte aber selbiger nicht nach Grönland kommen, wegen der grossen Menge Eises, so es bedeckte. Er ward bloß von ferne dessen hohe Felsen gewahr; und muste ganz unverrichteter Sachen wieder zurück gehen.

Reise des Capitän Munch, im Jahre 1616.

Was die vierte Schiffahrt betrifft, welche höchstgedachter König im Jahre 1616, durch den Capitän Jens Munch, (Johann Monk,) anstellen ließ, so war es dabey gar nicht auf die Untersuchung Grönlandes angesehen; sondern auf die Entdeckung einer neuen Fahrt, zwischen Grönland und Amerika, um nach China zu kommen. Die Unglücksfälle, denen dieser Hauptmann auf seiner Reise ausgesetzt gewesen, findet man in dessen eigenen Reise-Bericht erzählet.

Eine

Eine zu Coppenhagen errichtete Gesellschaft un-
ternimmt im Jahre 1636 die fünfte Reise nach
Grönland, von welcher ein goldhaltiger Sand
mitgebracht wird.

Eine fünfte Schiffahrt ward zur Zeit Christians
des Vierten, von einer Gesellschaft, die sich in
der Stadt Coppenhagen errichtet hatte, und nach
des Lyskanders Bericht, den Obermeister, oder
Canzler, Christian Friis, zum Haupt, oder Vorsteher
hatte, vorgenommen. Die Schiffe dieser Gesellschaft,
deren 2 waren, segelten westwärts nach Grönland,
und kamen in die Straet Davis, woselbst sie mit
denen Wilden einen kleinen Handel trieben. Es
war ihnen aber gar nicht um dergleichen geringen
Verkehr zu thun. Einer von denen Hauptleuten
dieser Schiffe wuste einen Ort auf dieser Küste,
woselbst ein Sand zu finden war, welcher in Ansehung der Farbe und des Gewichts dem Golde
gleich kam. Man beladete die beyden Schiffe mit
diesem kostbahren Sande, und segelte damit nach
Hause. Nach ihrer Ankunft aber in Coppenhagen, ward dieser Sand von denen Goldschmieden
untersucht, aber von keinem nützlichen Gebrauche befunden, und der Obermeister befahl, daß er in die
See geworfen werden sollte. Indessen behielt man
doch aus Neubegierde etwas weniges davon zurück,
woraus ein Scheidekünstler, welcher nachher nach
Coppenhagen gekommen war, recht gutes Gold
heraus brachte. Der Schiffshauptmann, welcher
aus einer guten Absicht, zu dieser Schiffahrt An-
leitung gegeben hatte, fiel in Ungnade, und starb
kurz nachher vor Verdruß. Hierdurch ward die

D 5 Ge-

Gesellschaft zugleich des Schatzes, welcher mitgebracht worden war, als auch der Nachricht von
dem Orte, wo dieser Sand anzutreffen war, als
welches der Capitän geheim zu halten für gut befunden hatte, beraubet.

**Im Jahre 1654 brachte ein von Coppenhagen
nach Grönland abgegangenes Schif drey
Frauenspersonen von daher mit.**

Im Jahre 1654, unter der Regierung des
Königs, Friederichs des Dritten, schickte ein
gewisser Heinrich Müller, ein Mann von Ansehen, ein Schiff, unter der Anführung David
von Nellen, nach Grönland. Er ländete würklich daselbst an, und brachte drey Frauenperso-
nen von dannen mit heraus, welche Runelik,
Kabelau, und Sigokou hiessen. Diese drey
Personen waren, nach dem Zeugnisse des Bischofes Torlais, welcher das Tagebuch des Schifs-
hauptmanns gesehen hatte, nahe bey Herjolsnes,
auf der östlichen Küste, wie gleichfalls Thormod
Torfäus berichtet, gefangen worden. Dieses
Vorgeben aber ist ungegründet; denn, es waren
selbige von der westlichen Seite, ohnweit dem
Baals-Fluß, entführet worden; wie denn einige
Grönländer dieser Gegend, welche noch am Leben sind, sich dessen gar wohl erinnern, und ihre
Nahmen, so wie sie in der Geschichte aufgezeichnet stehen, zu nennen wissen.

**Im Jahre 1670 schickte der König, Christian
der Fünfte, ein Schiff nach Grönland.**

Torfäus, in seiner Grönländischen Geschichte, meldet, daß der Letzte, welcher nach
Grön-

Grönland, um selbiges aufzusuchen und zu entdecken, im Jahre 1670, von dem Könige, Christian dem Fünften, abgeschickt worden, der
Schifshauptmann, Otto Axelson, gewesen.
Er weiß aber von dem Erfolg dieser Reise eben
so wenig, als von dem daraus entstandenen Nutzen, zu sagen.

Im Jahre 1674 macht Tormöhlen zur Abschickung
einer Colonie nach Grönland Anstalten: sein Schiff
wird aber gefangen genommen, und sein Vorhaben geräth dadurch ins Stecken.

Indessen erzählt Arngrim Vidalin, in seiner
annoch ungedruckten Beschreibung von Grönland, und zwar im ersten Capitel des dritten
Theiles, daß höchstgedachter König den Commer-
cienrath, Georg Tormöhlen, zu Bergen in
Norwegen, durch Ertheilung ansehnlicher Freyheiten eingeladen habe, einen Versuch mit der
Entdeckung Grönlandes zu machen. Dem zu
Folge hätte bemeldeter Tormöhlen nicht allein
ein Schiff ausgerüstet, und im Jahre 1674 Leute
angenommen, welche in Grönland bleiben sollten; sondern auch das Schiff mit allen Nothwen-
digkeiten versehen; hölzerne Häuser verfertigen lassen, welche zu Schiffe gebracht wurden, um sie
bey ihrer Ankunft in Grönland aufzurichten;
auch habe er vor die Canonen, und sämtliche zu
einer dergleichen Unternehmung erforderliche Le-
bensmittel gesorget; allein, zum Unglück ward
das Schiff mit seiner Ladung weggenommen, und
nach Dünkirchen gebracht; wodurch dieses wich-
tige Vorhaben ins Stecken gerieth.

Im

Im Jahr 1721 that ſich eine Grönländiſche Handlungsgeſellſchaft zuſammen, und hat ſich der Ver-
faſſer mit ſeiner ganzen Familie nach
Grönland begeben.

Nach dieſem ward in langer Zeit nicht mehr
an Grönland gedacht, bis im Jahre 1721, auf
die von mir gethanene Vorſchläge und Vorſtellungen, zu Bergen, unter Genehmhaltung des
Königs, Friederichs des Vierten, eine Grönländiſche Handlungsgeſellſchaft zuſammen trat,
welche den Entſchluß faſſete, nicht nur ein Schiff
dahin abzuſchicken, ſondern auch daſelbſt eine Colonie, unter dem 64ſten Grade der Breite, an-
zulegen. Ich begab mich mit meiner ganzen Familie dahin, und hielt mich in dem Lande funfzehn Jahre auf, in welchen ich von allen das
Land betreffenden Umſtänden, ſowohl in Anſehung
des Landes, als der See, Nachricht einzog; und
entdeckte die Oerter, wo unſere alten Norweger
in dem weſtlichen Theile gewohnt hatten. Weil
ich aber alles deſſen bereits in meinem Mißions-
Tagebuche gedacht, und daſelbſt alle Unglücksfälle,
welche ich um dieſes Vorhabens willen ausgeſtan-
den, erzählt habe, ſo finde ich nicht vor nöthig,
ſelbiges allhier zu wiederhohlen.

Maaßregeln, welche zur Entdeckung des öſtlichen
Theiles im Jahre 1723 getroffen worden.

Man hatte ſich gleich anfänglich angelegen ſeyn
laſſen, beſonders den öſtlichen Theil Grönlandes,
als die beſte und vornehmſte Pflanzſtadt dieſes
Landes, zu entdecken; dergeſtalt, daß im Jahre
1723, die Grönländiſche Compagnie, welche
da-

damahls zu Bergen errichtet war, mir durch ein
Schreiben zu verstehen gab, daß es der König
mit Vergnügen sehen würde, wenn man einige
Anstalt zur Untersuchung des östlichen Theiles von
Grönland machte. Damit nun dieses desto besser von statten gienge, entschloß ich mich, diese
Reise selbst zu unternehmen, und das Land gegen
Süden zu untersuchen, weil die Forbisher-
Straet, als der nächste Weg nach der westlichen
Seite, den die Seekarten anweisen, nicht zu finden war. Da mir aber die Jahrszeit nicht er-
laubte, lange Zeit draussen zu seyn, indem wir
uns beynahe am Ende des Herbstmonaths befanden, zu welcher Zeit sich die Sturmwinde bereits
nebst dem Winter einstellen, so war ich genöthiget, vor dieses mahl abzulassen, und wieder zurück
zu kehren.

### Die Grönländische Compagnie zu Bergen läßt ein Schiff zur Entdeckung des östlichen Theiles abgehen.

Im Jahre 1724 liessen die Vorsteher der Grönländischen Compagnie zu Bergen, nach dem
Willen des Königes, ein Schiff, um die östliche
Küste von Grönland zu untersuchen, abgehen.
Dieses Schiff nahm den alten vormahligen Lauf,
gerade durch Island, nach Grönland zu; allein, die überaus grosse Menge der schwimmenden Eisschollen, womit die Küste besetzt war, hin-
terte dieses Vorhaben; und man muste also, nach
vielen, des Eises und der Sturmwinde wegen,
ausgestandenen Beschwerlichkeiten, und Gefahren,
eben so wie ehedem, unverrichteter Sache wieder
abziehen. Frie-

**Friederich der Vierte schickt Pferde nach Grönland, um vermittelst dererselben nach den östlichen Theil zu kommen; allein vergebens.**

Die wenige Hofnung, welche man vor sich sahe, mit Schiffen an das Land des östlichen Theiles kommen zu können, verursachte, daß sich im Jahre 1728 der König, ausser verschiedenen andern grossen Unkosten, die er daran wendete, entschloß, Pferde nach der Colonie abzuschicken, in Hofnung, daß es auf diese Art angehen würde, zu Lande, bis an die östliche Küste zu kommen. Allein, dieser Vorschlag ließ sich vollends nicht bewerkstelligen. Denn, ausserdem daß Grönland ein hohes, und mit Felsen besetztes Land ist, über welche man unmöglich herüber reiten kann, ist es auch ganz und gar mit Eis und Schnee, welche niemahls schmelzen, bedeckt.

**Der Lieutenant Richard versucht im Jahre 1729 eben dergleichen zur See; allein, ohne erwünschten Erfolg.**

Seine Majestät ertheilten noch einmahl Befehl, im Jahre 1729, an den Lieutenant Richard, welcher mit seinem Schiffe bey der Grönländischen Colonie überwintert hatte, auf seiner Rückreise sein möglichstes zu thun, um auf der östlichen Küste, gerade über von Island, zu landen; allein, er fand, wie die andern, daß dieses, wegen des Eises, und der Gefahren, denen man sich aussetzen müste, unmöglich angienge.

**Vorschlag, oder anderweitiges Mittel, um dahin zu kommen.**

Diese Hinternisse verursachten also, daß die Hofnung, jemahls nach den östlichen Theil kommen

zu

zu körnen, fast gänzlich hinweg fiel; und, meines Erachtens war es eben so viel, als wenn man sein Geld unnützlich anlegen wollte, wenn man es noch ferner versucht hätte, durch diesen Weg dahin zu gelangen. Indessen ist noch ein Weg, oder ein Mittel übrig, um an diesen Ort zu gelangen, welches man so oft vergeblich gesucht hat, und bisher noch nicht hat entdecken, oder wenigstens völlig herausbringen können; nehmlich, von Statenhuck, oder Cap Cronprinz Christian, längs der Küste hinauf, zu reisen. Die Berichte, welche mir die Grönländer, die einen ziemlichen Strich um die Landspitze, und längs der östlichen Küste des Landes gereiset sind, hinterbracht haben, bestärcken mich in diesen Gedanken. Denn, ob schon die schwimmenden Eisschollen, in einer erstaunlichen Menge, von Spitzbergen, oder Neu-Grönland herunter, längs der Küste, und jenseits Statenhuck, herum treiben, und denen Schiffen dergestalt den Durchgang versperren, daß sie an denjenigen Oertern, wo das Eis ist, und wo sich der Haupttheil derer Norwegischen Colonien befunden, unmöglich durchkommen können; so giebt es doch in diesen Gegenden, längs denen Küsten, Oefnungen, wo man mit kleinen Fahrzeugen schiffen kann.

Man hält es für möglich, mit kleinen Fahrzeugen nach den östlichen Theil zu kommen.

Laut der Aussage derer Grönländer, welche zugleich mit denen von mir angestellten Erfahrungen

gen übereinſtimmt, geht der Strom aus denen
Meerbuſen immer längs der Küſte des Landes gegen Südweſten hin; und verurſacht, daß ſich das
Eis daſelbſt nicht befeſtigen kann; ſondern er macht
vielmehr Oefnungen, und hält das Eis in einer
ziemlichen Entfernung vom Lande ab; dergeſtalt,
daß die Grönländer zu gewiſſen Zeiten im Jahre
ganz ungehindert, mit ihren Umiak, oder groſſen
Böten, hin und wieder fahren können, ob ſie gleich
nicht ſo weit hinauf nach der öſtlichen Küſte geweſen ſind, daß ſie etwas von denen Häuſern oder
Wohnungen derer alten Norweger hätten finden
oder anſichtig werden können, wovon man doch
wenigſtens einige Ueberbleibſel oder Merkmahle auf
dieſer öſtlichen Küſte antreffen müſte.
Man hat die öſtliche Küſte bisweilen von Eiſe
befreyt gefunden.

Ueber das haben mir auch die Holländer, welche nach Grönland ſchiffen, als eine ſichere Wahrheit berichtet, daß einige von ihren Schiffen das
Land auf der öſtlichen Küſte, bis unter dem 62ſten
Grad, bisweilen vom Eiſe gänzlich befreyt gefunden haben; daß ſie an der Küſte in den äuſſerſten
Meerbuſen und Hafen ſich vor Anker geleget; und
mit denen Wilden einen beträchtlichen und vortheil-
haften Handel getroffen. Ich befand ſelbſt die
Sache im Jahre 1736 alſo, als ich von Grönland nach Dännemark zurück fuhr, und vor
Statenhuck und das Vorgebirge Farvel vorbey reiſete. Wir lagen ganz nahe unter dem Lande, und ſahen, oder konnten nicht das geringſte
Eis bemerken, welches doch etwas ungewöhnliches
iſt.

ist. Und weil sich dieses so selten zuträgt, so ist es
ganz ungewiß und gefährlich, mit grossen Schiffen
so weit hinauf an diese östliche Küste zu gelangen.

Es würde sich die östliche Küste weit leichter
finden lassen, wenn man einen Wohnplatz auf
der westlichen Seite des Landes errichtete.

Viel bequemer aber wäre es, bereits angezeigtermassen, mit kleinen Fahrzeugen von dem Vorgebirge längs dem Lande dahin zu reisen, wenn man
Statenhuck vorbey führe; insonderheit, wenn
zwischen dem 60sten und 61sten Grade, auf der
westlichen Seite des Landes, vorher ein Wohnplatz
errichtet würde; ja, es wäre noch besser, in dem
Falle, wenn man sähe, daß die Sache angienge,
wenn man ihn auf der östlichen Seite dieser Höhe
anlegete.

Denen Nachrichten zufolge, welche uns die Alten,
in Ansehung Grönlandes hinterlassen haben, und
wovon unter andern des Jvar Beri Bericht nach-
gesehen werden kann, soll nur ein Bezirk von 12
Norwegischen Meilen zur See, zwischen der östlichen und westlichen Colonie unbebauet seyn; oder,
wie andere sagen, es soll nur eine Reise von sechs
Tagen mit einem Boote ausmachen. Und, da die
Ueberreste derer alten Wohnungen, welche ich zwischen dem 60sten und 61sten Grade entdeckt habe,
ohne Zweifel die äusserst südlichen Merkmahle derer
vormahligen Norwegischen Pflanzstädte der westlichen Seite sind; so folget daraus nothwendig, daß
man nicht gar weit zu reisen habe, ehe man an den
südlichen Theil der östlichen Colonie gelangen kann.

E                    Im

Im Fall ſich nun eine Möglichkeit zeigte, zu gewiſſen Zeiten im Jahre, mit kleinen Fahrzeugen,
längs dem Lande, bis an die öſtliche Colonie, gegen den 63ſten oder 64ſten Grad zu gelangen,
und man davor geſorget hätte, daß hin und wieder
kleine Wohnplätze oder Pflanzſtädte angeleget würden; ſo könnte alsdenn beſtändig ein gemeinſchaft-
licher Umgang zwiſchen den Wohnplätzen erhalten
werden, und es könnte einer dem andern zu Hülfe
kommen, im Fall es geſchähe, daß die Schiffe nicht
alle Jahre zu allen, ſondern nur bloß zu denen ſüd-
lichen Pflanzſtädten, heran kommen könnten. Es
iſt alſo, meines Erachtens, eine mögliche, und
ſchlechterdings ins Werk zu richtende Sache, nicht
allein mit der Zeit nach dem öſtlichen Bezirke von
Grönland zu gelangen, ſondern auch alle Jahre
die Colonien dergeſtalt zu verſehen, daß man ihnen
alle erforderliche Hülfe wiederfahren laſſen könne.

## Das dritte Capitel.

### Von der Fruchtbarkeit und denen Pro-dukten Grönlandes, nebſt denen daſelbſt an-zutreffenden Metallen und Mineralien.

Die Produkte Grönlandes ſind vor dieſem auf
die Tafel derer Könige von Norwegen aufgetragen worden.

Man kann von der Fruchtbarkeit Grönlandes
einigermaſſen aus denen Berichten derer Alten
urtheilen, in welchen angeführt wird, daß man in
denen

denen Colonien allerhand Vieh und Thiere zuziehe,
welche Milch, Butter, Käse, u. dgl. in so großer
Menge liefern, daß man einen ansehnlichen Theil
davon nach Norwegen verführet, und welche von
so ausnehmender Güte gewesen, daß man sie auf
die königliche Tafel, bis zu den Zeiten der Königinn
Margaretha, aufgetragen. Es wird auch daselbst berichtet, daß in verschiedenen Gegenden das
beste Korn, als nur irgendwo gefunden werden
könne, wachse; daß in denen Thälern die Bäume
Früchte, oder Eicheln, welche so dick, wie Aepfel,
und von gutem Geschmacke sind, (*) tragen; daß
in dem Gehölze eine starke Jagd von Rennthieren,
u. dgl. sey; und daß das Meer einen reichen Fischfang, als: Seehunde, Wallfische, u. dgl. wovon
sich die Einwohner ernähren, liefere.

Vom 60sten bis zum 65sten Grade giebt es gute
Viehweiden.

Unerachtet diese Vorzüge in unsern Tagen zum
Theil abgenommen zu haben scheinen, weil die alten Colonien zerstöhret, und von Einwohnern und Vieh entblösset sind, und das
Land unbebauet bleibt; so könnte es dennoch geschehen, daß die alten Plätze, wo die Norweger vor
diesem gewohnet haben, ihre ehemahligen Vorzüge
E 2                   wieder

(*) Ein gewisser Grönländer, welcher etwas weit nach
Süden, gegen Statenhuck zu, wohnete, erzählete einsmahls
meinem Sohne, bey dem er einige Citronen sahe, daß er dergleichen auf Bäumen gegen Süden zu hätte wachsen gesehen,
daß sie aber nur um den vierten Theil so groß, wie diese Citronen, wären. Allem Ansehen nach, war dieses die eben er-
wähnte Frucht, welche man Eicheln, Olden, nannte.

wieder erhalten könnten, wenn man ſie aufs neue
mit Einwohnern und Viehe beſeßete; denn es giebt
in dieſen Gegenden überall, vornehmlich von dem
60ſten bis zum 65ſten Grade, ſette Weiden. In
dem groſſen Meerbuſen, der auf denen Karten der
Baalsfluß genannt wird, und anjeßt nach der
Däniſchen Colonie, welche zu Ende der Einfahrt in
die Bucht angelegt iſt, Haabetsbay heißt, findet man
zu beyden Seiten der Colonie ſchöne und groſſe
Wieſen, auf denen man ſehr viel Vieh halten könnte; und auſſerdem liefern auch das Land und das
Waſſer mancherley, womit ſie die Einwohner füt-
tern könnten.

### Aber weder Waldungen, noch Bäume, auſſer etwa kleine Büſche.

Ich habe an der weſtlichen Seite, weder Gehölze, noch Bäume, welche einige Aufmerkſamkeit
verdieneten, angetroffen. Unterdeſſen wachſen doch
überall, und in Menge, an dem Geſtade der Meerbuſen, kleine Büſche von Birken, Erlen, und
Weiden, woran ſich die Colonien zur Feuerung
vollkommen begnügen laſſen können. Man trifft
daſelbſt Birken an, welche zwey bis drey Klafftern
hoch, und noch etwas dicker, als ein Menſchenarm
oder Schenkel, ſind.

### Es wachſen verſchiedene Pflanzen daſelbſt.

Es wachſen auch in Grönland kleine Wachol=
derſträucher in Menge, deren Frucht ſo dick, wie
graue Erbſen iſt. Die Pflanze, welche Quaun,
oder Angelike genannt wird, findet ſich ebenfalls
ſeht häufig daſelbſt; desgleichen der wilde Rosma=
rin,

rin, welcher wie Terpentin riecht und schmeckt.
Man kann durch das Destilliren ein vortrefliches
Oel, und einen Spiritus aus selbigen herausbringen, welche man für gar vortrefliche Arztneymittel
hält. Das Löffelkraut, welches als das vornehmste Mittel gegen den Scharbock angesehen wird,
wächst überall und häufig in Grönland, vornehmlich an der Seeküste. Es ist zwar selbiges
nicht so bitter, als unseres; hat aber öfters, so zu
sagen, Wunder bey Kranken verrichtet. Man sieht
daselbst eine Art von Pflanze, oder Kraute mit
gelben Blumen, wovon die Wurzel im Frühlinge
einen Rosenähnlichen Geruch hat. Die Grönländer essen selbige, und befinden sich ungemein
wohl dabey. Man trifft überall auf dem Gestade
der Meerbusen, an dem Abschusse der Berge, einen
wilden Thimian, welcher gar ungemein angenehm
riecht, wenn die Sonne untergegangen ist. Ich
habe auch in diesem Lande die sogenannte Blut-
wurz, (Tormentill,) und sehr viele andere Pflanzen wahrgenommen, deren ich mich anjetzt nicht
mehr erinnern kann; und ausser diesen auch solche,
die ich nicht kenne, und von denen ich die Nahmen
nicht angeben kann. Man findet selbige auf der
beygefügten Kupfertafel abgebildet. (⁵) Unter de-

E 3 nen

---

(5) Soviel sich durch Muthmassung erreichen läßt, scheint
die erste in der obersten Reihe vorgestellte Pflanze, ein Flos
siliquosus, von denen Tetrapetalis; die zweyte ein Lotus pra-
tensis lutea; und die vierte eine der Pyrola am nächsten kom-
mende; die erste in der mittelsten Reihe, ein Stück vom Ledo
Linnæi; die erste in der untern Reihe eine den Habitum von
der Statice habende; die zweyte eine Art einer kleinen Scabio-
sa;

nen Beeren, welche Grönland hervorbringt, sind
die vornehmsten die Blaa-Beeren, (Heidelbeeren)
Tytte-Beeren, (Preuffelbeeren, Vaccinium folio
Buxi,) und Krake-Beeren, (Mooßbeeren, Oxy-
coccus.) Es wachsen auch daselbst Molte-Beeren,
(Chamaemorus Norveg.) welche aber spät reif werden, wegen des Nebels, der beständig auf denen Inseln
zu der Zeit, wenn die Frucht ansetzt, zu seyn pflegt.

**Das Erdreich scheint zu allen Arten von Saa-
men geschickt zu seyn.**

Der Boden hat vom 60sten bis zum 64sten
Grade das schönste Aussehen; und es finden sich
würklich die vortreflichsten Plätze darauf. Es scheinen selbige zu allerhand Gewächsen geschickt zu
seyn; und man kann noch heutiges Tages, wenn
man die Felder ansieht, erkennen, daß sie vor diesem bebauet gewesen.

**Die Gerste, welche man ausgesäet hat, ist nicht
zur Reife gekommen.**

Ich machte einsmahls den Versuch, und säete
Gerste an dem Gestade des der Colonie, wo ich
mich aufhielt, zunächst gelegenen Meerbusens aus.
Selbige schoß über die massen, und die Aehre war
zu Ende des Heumonaths schon völlig gebildet; indessen kam sie doch nicht zur völligen Reife, wegen
der Nachtfröste, die sich gegen die Hälfte des Au-
gustmonaths einstelleten; und sie blieb seitdem in
einerley Zustande, ohne daß sie bis zu Ende des
Herbstmonats zur Vollkommenheit gekommen wäre.

Da

---

sa; und die dritte, von einer Pediculari zu seyn. Vielleicht sind
geschicktere Kräuterkundige so glücklich, etwas Zuverläßigeres
hierin zu bestimmen. A. d. U.

Da aber dieses von dem Saamen war, den man in dem Bezirk von Bergen gewonnen hatte, so erforderte sie zum Reifwerden einen weit längeren Sommer. Wäre der Saame in denen Nordländern hervorgekommen, so würde er auch, aller Wahrscheinlichkeit nach, in Grönland besser fortgekommen seyn, weil die Himmels = Gegenden dieser beyden Länder mehr einander gleichkommen. Die Rüben, und der Kohl, kommen sehr gut fort; vornehmlich die Rüben, als welche von ausserordentlicher Güte und Annehmlichkeit sind.

**Gegen Norden wächst nicht das geringste.**

Alles, was ich bisher von der Fruchtbarkeit Grönlandes gesagt habe, muß von denen Gegenden, welche vom 60sten bis zum 65sten Grade liegen, verstanden werden; es nimmt aber selbige, nach der Verschiedenheit der Himmelsstriche ab; denn nach Norden zu wächst nicht das geringste, als woselbst das Land dermassen felsigt und unfruchtbar ist, daß die Grönländer, welche daselbst wohnen, nicht einmahl soviel Heu, als sie zur Ausfütterung ihrer Schuhe brauchen, gewinnen können; (als welches sie, um sich die Füsse warm zu halten, zu thun pflegen,) sondern nach Süden reisen, und daselbst dieses Heu einkaufen müssen.

**Man findet wenig Mineralien in Grönland.**

Ich habe wenig Metalle und Mineralien in Grönland gesehen. Ohngefähr zwey Meilen weit nach Süden zu, von der Colonie Got-Haab, auf einer Landesspitze, habe ich hier und da, auf einem gewissen Berge eine Materie von der Farbe des

E 4

Grün-

Grünspans wahrgenommen, welche zu erkennen giebt, daß sie Kupfer in sich halte. Die Grönländer haben mir auch eine gewisse Materie, welche wie ein Bleyertz aussieht, gebracht. Gleichergestalt findet man in diesem Lande viel Schwefel-Minern, welche wie Meßing aussehen.

### Rothgelber Sand, mit dazwischen laufenden Zinnober-Adern.

Auf der zur Untersuchung des Landes vorgenommenen Reise, ländete ich auf einer gewissen Insel an, wo ich einen rothgelben Sand, mit dazwischen laufenden Zinnober-Adern, antraf. Ich schickte ihn an die Vorsteher der Handlungs-Gesellschaft zu Bergen, damit sie ihn untersuchen lassen mögten, ob er etwas gutes enthielte. Ich erhielt darüber zur Antwort, daß ich von diesem Sande, soviel als immer möglich zusammen bringen mögte; ich konnte aber den Ort, wo er war, durchaus nicht wieder finden; denn, es war diese kleine Insel mit sehr vielen andern umgeben; und das Zeichen, welches ich dahin gesetzt, hatte der Wind hinweg gewehet. Indessen hat man nachher an verschiedenen Orten dergleichen gelben Sand entdeckt, welcher, wann er gebrannt wird, eine braunrothe Farbe erhält. Mit der Zeit wird selbiger von selbst roth, und man findet überall davon in Grönland. Ich weiß nicht, ob dieser Sand von eben der Gattung ist, als derjenige gewesen, den Martin Forbisher ehedem aus Grönland mitgebracht hatte, und welcher viel Silber enthalten sollte; oder, ob er von der Gattung eines gewissen Sandes sey, den ein Schiff der Grönländischen Handlungs-Compagnie,

nie, von der Straſſe Davids mit nach Coppenhagen brachte, und welcher oberwähntermaſſen
gelb ausſahe. Ich machte zwar nach der geringen
Kenntniß, die ich in der Scheidekunſt beſitze, einen
Verſuch, ob ich vermittelſt des Herausziehens und
Niederſchlagens, (der Extraction und Präcipitation)
etwas heraus bringen könnte; allein, ich erhielt
nichts. Uebrigens habe ich in Grönland ſonſt
keine Art von Gold- oder Silberhaltigen Sande
gefunden.

### Grönländiſche Cryſtallen, oder Rubine, und Asbeſt.

Man entdeckt in Grönland eine Art von rothen
Berg-Cryſtall, wie auch weiſſen Cryſtall. Der
rothe iſt mit einigen Gold-Partickeln beſetzt, welche
ſich aber nicht anders, als vermittelſt der Scheidekunſt davon bringen laſſen. Es giebt in dem
Lande ganze Asbeſt-Gebürge, den man, dem äuſſern Anſehen nach, vor einen bloſſen ſchlechten Stein
halten ſollte; allein, man kann ihn, wie ein Stück
Holz, ſpalten und reiben. Es iſt ſelbiger inwendig
voll Faſen und Zaſern, welche wie Stroh oder Heu,
ausſehen; und wann die Stücke dieſes Steines zer-
ſchlagen, und dieſe Fäden davon abgeſondert werden, laſſen ſie ſich, wie andere Fäden, drehen.
Wann ſie in einer fetten Materie, als Baumöhl,
oder Fiſchtran liegen, brennen ſie, ohne ſich zu verzehren, und ohne zu Aſche zu werden.

### Unächter Marmor, welcher das ſtärkſte Feuer aushält.

In den Gegenden der Colonie Got-Haab, unter dem 64ſten und 65ſten Grade, trifft man viel

E 5                                          Veil-

Veikſteen, oder unächten Marmor, von verſchiedenen Farben, als blauen, grünen, und rothen, ſo
wie auch weiſſen, oder weiſſen mit ſchwarzen Flecken, an.  Die Grönländer verfertigen ſelbſt
mancherley Hausgeräthe daraus; als: Lampen und
Keſſel, welche das ſtärkſte Feuer aushalten können;
dergeſtalt, daß man daraus auch Tiegel zum Schmelzen der Metalle bereiten könnte. (*)  Nach dem
Zeugniß des Claudius Undalin, in ſeinem Buche
*Norges Beſkrivelſe* betittelt, iſt die Haupt-Kirche
zu Drontheim aus dergleichen Marmor, den man
aus Grönland dahin gebracht, erbauet geweſen. (**)

Unter die Produkte der See kann man auch auſſer verſchiedenen Schnecken und Muſcheln, das
Corallengewächs rechnen.  Ich habe zwar nur
ein einziges dergleichen zu Geſichte bekommen, welches aber ſchön geſtaltet war, und gut ausſahe.

---

(*) Die Lampen und Keſſel, welche die ſüdwärts wohnen-
de Grönländer aus dieſer Art von Stein verfertigen, ſind
überaus ſelten und theuer; dergeſtalt, daß diejenige, die gegen
Norden wohnen, allwo dergleichen Stein nicht gefunden wird,
für einen kleinen Keſſel, acht bis zehn Rennthier-Felle; oder
für eine Lampe, zwey, drey bis vier Wallfiſch-Bärte, oder
eben ſoviel Rennthier-Häute bezahlen müſſen.
(**) Gegen Süden, zwiſchen den 6oſten und 61ſten Grad,
giebt es nach dem Berichte derer Grönländer, in ſelbiger
Gegend, ein heiſſes Waſſer, welches von metalliſcher Eigenſchaft
iſt: denn es ſetzt ſich an denen Ufern deſſelben eine grüne
Materie an, welche wie Grünſpan ausſiehet. Dieſes Waſſer
hat eine wunderſame Eigenſchafft, denn es heilet bey denenjenigen, die ſich damit waſchen, die Krätze; und wenn man
alte Felle darinn weichen läßt, bringt es die Roſt- und Stock-
Flecke von ſelbigen herunter, daß ſie wieder wie neu ausſehen.

Das

# Das vierte Capitel.

## Von dem Zuſtande und der Beſchaffen= heit des Himmels und der Lufft.

**Die Sturmwinde ſind in Grönland ſelten.**

Es regnet in Grönland ſelten; auch bemerkt man daſelbſt, ſonderlich in der Diſko = Bay, unter dem 68ſten und 69ſten Grade, nicht viel Sturmwinde, ſondern man hat den ganzen Som- mer über, ſehr heiteres Wetter, und ſehr ſchöne Tage. Ereignen ſich etwa Gewitter, welches aber etwas auſſerordentliches iſt, ſo pflegen ſelbige, ſon- derlich nach Mittage zu, ſehr ſtark zu ſeyn. Denn, ſobald der Wind ſüdweſt iſt, ſetzt er ſich mit einem- mahl nach Süden, und Südoſt um, das mehreſte- mahl mit einem entſetzlichen Ungeſtüm, ſo mit einem Gewitter begleitet iſt; darauf wendet er ſich nach Weſt; und von Weſt nach Norden, da er ſich ſo- dann legt, und es wieder ſchön Wetter wird.

**Ohne dem Nebel würde es ein überaus ſchönes Land ſeyn.**

Würde Grönland, vornehmlich an der Seeküſte den ganzen Sommer über, nicht faſt beſtändig von dem erſchrecklichen Nebel geplaget, oder gar angeſteckt, ſo wäre es ein vortrefliches Land. Wann die Luft heiter und unbewölkt iſt, welches alsdann, wenn der Wind von Oſten kömmt, zu ſeyn pflegt, ſo iſt es daſelbſt ſo warm, als ſonſt irgendwo. Denn, das

das Seewaſſer, welches zur Zeit der Ebbe, in denen Löchern derer Felſen und Klippen zurück bleibt, gerinnt daſelbſt des Nachts, und ſtellt ein ungemein ſchönes weiſſes Salz dar. Es hat ſich einsmahls ereignet, daß man in einem Vierteljahre alle Tage ſchön Wetter gehabt hat, und kein einziger Tropfen Regen gefallen iſt. Indeſſen iſt der Sommer nicht ſehr lang. Er fängt erſt zu Ende des Maymonaths an, und hört gegen die Mitte des Herbſtmonaths auf. Dieſes iſt der ſogenannte Sommer. Die ganze übrige Zeit hindurch iſt Winter.

**Die Kälte iſt jenſeit des 68ſten Grades überaus ſtark.**

Was den Winter betrifft, ſo kann man ſagen, daß er bis zum 64ſten Grade erträglich ſey; weiter nach Norden hingegen, vornehmlich unter dem 68ſten Grade, und noch höher hinauf, iſt die Kälte dermaſſen ſcharf und ſtrenge, daß der Franzbrandwein daſelbſt in denen Häuſern frieret. Zu Ende der Caminröhren, wo der Rauch hinaus geht, ſetzt ſich Eis an, und öffters wird die ganze Oeffnung davon über und über verſtopft. Die See fängt zu Ausgange des Auguſtmonaths überall zu frieren an; und dieſes Eis ſchmilzt vor den April oder Maymonath nicht; ja, zum öfftern ſchmilzt es auch wohl nicht vor Ausgange des Brachmonaths.

**Es iſt gegen Oſten kälter, als gegen Weſten.**

Unerachtet es aber in Grönland viel kälter, als in Norwegen iſt, ſo fällt doch daſelbſt ſo viel Schnee nicht, als in Norwegen; vornehmlich in denen Meerbuſen, wo es ſchwer halten ſollte, einen

Ort

Ort zu finden, an welchem der Schnee nicht eine halbe Elle, oder einen Fuß hoch läge. Indessen sind doch das Innere des Landes, und die Felsen, mit einem Eise, welches niemahls schmilzt, bedeckt. Solchergestalt ist nichts von blosser Erde daselbst zu sehen, ausser am Ufer des Meeres, und in denen Meerbusen, als woselbst vornehmlich alles schön grün ist; dieweil die Sonnenstrahlen sich daselbst in denen Thälern, und zwischen denen hohen Klippen versammlen, und den Sommer über eine sehr starke Hitze verursachen; sobald aber die Sonne niedriger kommt, fangen die Eisberge an zu würken; und man kann seine Winterkleider ganz gut vertragen.

### Woher diese auf dem Meere schwimmende Eisberge entstehen.

Ausser diesem entsetzlichen Eise, womit das Land bis über die höchsten Berge bedeckt ist, sieht man auf der See eine grosse Menge Eisschollen schwimmen; einige darunter, welche nehmlich von denen Buchten herkommen, sind flach: die andern sind wie Berge auf einander gethürmt, und gehen so tief im Wasser herunter, als sie über demselben hervor ragen. Diese Eisberge entspringen von denen Felsen des Landes, welche mit Eise bedeckt sind. An denenjenigen Oertern, wo diese Felsen nach dem Meere zu abhängig sind, reissen sich grosse Stücke davon los, welche aus denen Meerbusen heraus getrieben werden.

Es

### Es ſtellen ſelbige verſchiedene ſeltſame Geſtalten vor.

Man muß ſich ungemein verwundern, wenn man die verſchiedenen Formen und Geſtalten, welche dieſe Eisberge dem Anblicke darſtellen, anſieht. Einige ſtellen groſſe Kirchen, oder Schlöſſer mit Thürmen vor; andere haben die Geſtalt eines Schiffes mit aufgeſpannten Seegeln, und man iſt öffters dadurch hintergangen worden, indem man ſie für würkliche Schiffe angeſehen, und ſich fertig gemacht hat, ſie zu beſteigen.

### Sie ſind von verſchiedenen Farben.

Es iſt aber nicht allein ihre Geſtalt ſonderbahr, ſondern es ſind auch ihre Farben eben ſo bewundernswürdig. Es giebt einige darunter, welche weiß, und glänzend, wie der ſchönſte Cryſtall, ſind; andere ſind ſaphirblau, noch andere ſchmaragdgrün, u. ſ. f. Man ſollte faſt dahin gebracht werden, zu glauben, daß die Urſach dieſer verſchiedenen Farben, von Metallen, oder Mineralien, welche ſich an denjenigen Orten, wo ſelbige wären, befänden; oder von dem Waſſer, welches gefroren oder geronnen wäre, um dergleichen darzuſtellen, herrühre: allein, die Erfahrung hat gezeiget, daß das blaue Eis aus ſüſſem Waſſer beſtehe; daß ſelbiges anfänglich weiß ſey; und mit der Zeit hart, und blau werde. Das grüne Eis beſteht aus ſalzigem Waſſer. Es iſt merckwürdig, daß, wenn man das blaue Eis an einem warmen Orte ſchmelzen, und hernach, wenn es zu Waſſer geworden, aufs neue frieren läßt, man alsdenn kein blaues

Eis

Eis mehr, wie vorher, sondern bloß ein weisses Eis bekömmt. Woraus zu schliessen ist, daß der flüchtige Schwefel, welchen es aus der Luft angezogen hatte, durch die Auflösung des Eises in Wasser, verraucht und davon gegangen sey. (⁶)

**Es donnert und blitzt sehr selten in Grönland.**

Ob es gleich öfters des Sommers sehr warm in Grönland ist, so hört man doch daselbst selten donnern, und sieht wenig blitzen. Die Ursach davon ist, ohne Zweifel, diese, weil die Wärme, welche den Tag über gewesen ist, durch die Kühle der Nacht aufs neue gemäßigt wird; und die Schwefeldünste, welche die Sonne aus der Erde in die Höhe gezogen, bey der frischen Nachtluft, nebst dem überflüßigen Thau, wieder herunter fallen.

Lufft=

---

(⁶) Man vergleiche bey dieser Gelegenheit folgende mit obiger Materie verwandte Schriften: *Some Experiments about freezing, and the difference betwixt common fresh Water Ice, and that of Sea-Water: by Dr. MART. LISTER*, st. in dem 15 Bande der *Philosophical Transactions, for the year 1685. Numb. 167*, S. 836, f. *OLAI BORRICHII obs. quod aqua, cum glaciatur, nihil peregrinum in se recipiat, nec pondere vel crescat, vel minuatur:* st. in *Tho. Bartholini Actis med. et philosoph. Hafniensib. Vol. I, A. 1671 et 1672*, S. 140:144. *Memoire sur la maniere, dont se forment les glaçons, qui flottent sur les grandes rivieres, et sur les differences, qu'on y remarque, lorsqu'on les compare aux glaces des eaux en repos; par Mr. l'Abbé NOLLET:* st. in den *Memoires de l'Acad. de Paris, v. J. 1743*, S. 51:66. *ERASMI BARTHOLINI relatio de Islandica glacie:* st. in *Tho. Bartholini Actis med. et philos. Hafn. Vol. IV, A. 1676, obs. 7. THO. BARTHOLINI, filii, varia miranda de glacie Islandica,* st. eben das. Obs. 35. Theodor Thorkelsohn Widalius, gewesenen Rektoris in Skalholt, Abhandlung von den Isländischen Eisbergen: st. im Hamb. Magaz. XIII B. 1 St. 1754, 1. S. 9:27; und 2 St. S. 197:218. A. d. Ueb.

### Luftzeichen, Nordſcheine, u. d. gl.

Was die übrigen Luftzeichen, als den Regenbogen, den ſogenannten fliegenden Drachen,
das Sternſchieſſen, und andere dergleichen Dinge,
anlanget; ſo ereignet ſich dieſes in Grönland,
eben ſo, wie in andern Ländern. Vornehmlich
aber ſieht man daſelbſt Nordſcheine, zur Zeit des
Neumonds, und zu allen Zeiten des Nachts, wann
die Luft klar iſt. Sie bewegen ſich hin und her,
an dem ganzen Himmel, mit einer unglaublichen
Geſchwindigkeit; und geben ſo viel Licht von ſich,
daß man in einem Buche vollkommen dabey le-
ſen kann.

### Die Sonne ſteht in dem ſtärkſten Sommer über den Horizont.

Es iſt keine kleine Annehmlichkeit, in dem ſtärkſten Sommer keine Nacht zu haben; und an gewiſſen Orten die Sonne die ganze Nacht hindurch
ſcheinen zu ſehen. Dagegen aber ſind auch die
Tage im Winter wieder ſehr kurz. Indeſſen iſt
doch niemahls eine völlige Dunckelheit vorhanden;
ſondern dazu hell genug, daß man überall, wo
man hin will, reiſen kann, unerachtet kein Mon-
denſchein, und auch kein Sternenlicht iſt. Der
Grund davon liegt, ohne Zweifel, in dem Eiſe,
womit das Land, und das Waſſer bedeckt ſind,
als welches einen Schein in die Luft wirft; wiewohl auch dieſes daher rühren kann, weil der Ho-
rizont, der Linie (dem Aequator) näher iſt.

Die

Grönland gesund: nur die Nebel
daselbst Husten und Brustzufälle.

fenheit der Luft ist in Grönland
, als ungesund. Denn, man be-
harbock, und die Brustzufälle, als
ich die in diesem Lande zu Hause
heiten sind, ausgenommen, daselbst
ten von Krankheiten, womit an-
imgesucht werden, gar nicht. In-
die beyde vorerwähnte Arten von
icht sowohl durch die Strenge der
mehr durch die mit einem sehr un-
ziemlich ordentlich fallenden Nebel
verursachet. Daß Grönland mehr
der denen Nebeln unterworfen ist,
ne Zweifel, die viele Eisschollen,
cken, und auf dem Meere herum
chuld. Diese Nebel finden sich son-
i Anfange des Aprilmonaths, bis
Brachmonaths ein: nachher werden
i Tage immer geringer. Allein, so
Sommer der Nebel zur Last fällt, so
Winter, wenn die Kälte am schärf-
lauch, oder der Dunst der Kälte,
r See, wie aus einem Camin, in die
nd vornehmlich bey dem Eingange
n, so dick, wie die dickste Wolke ist.
indern, daß aus dergleichen Rauche
brennende Kälte heraus fährt, daß
in dem Gesichte verbrennen kann,
h ausser dem Dunstkreise befindet;
venn man darein kömmt, das Ge-

F                                   sicht

ſicht und die Hände nicht mehr verbrennt, ſondern ſich in eine Art von Zunder verwandelt, und
an die Haare und Kleider anſetzt, wie bey einem
Rohreif zu geſchehen pflegt.

### Wunderbahre Uebereinſtimmung zwiſchen denen Springbrunnen im Lande, und dem groſſen Meere.

Ich muß nicht vergeſſen, bey dieſer Gelegenheit
einer bewundernswürdigen Uebereinſtimmung und
Gemeinſchafft, welche man in Grönland zwiſchen
dem quellenden Springwaſſer, und der See bemerkt, Erwähnung zu thun. Zu der Zeit, wenn
das Waſſer aus ihnen hervorquillt, das iſt: in dem
Neu- und Voll-Monde, da das Meer ſehr ſtür-
miſch iſt, und die Ebbe und Fluth ſtärker ſind; an
demſelbigen Tage entſpringen die verborgene und
unbekannte Quellen; dergeſtalt, daß man an ſolchen
Oertern, wo man im geringſten nicht vermuthet
hätte, Waſſer zu finden, vornehmlich im Winter,
da die Erde mit Schnee und Eis bedeckt iſt, dergleichen hervorſpringen und quillen ſiehet, unerachtet man zu andern Zeiten im Jahre nicht das geringſte Waſſer an denſelben Oertern gewahr wird.
Es gehört aber vor die Naturforſcher, die Urſachen
von dergleichen Uebereinſtimmung aufzuſuchen; und
uns zu ſagen, warum die Springbrunnen ſich nach
der Ebbe und Fluth richten, und warum die Ebbe
und Fluth ſich nach dem Monde richte. (*)

Die

(*) S. Wolffens vernünftige Gedanken von den
Wirkungen der Natur, a. d. 541 Blatf.

**Die Ebbe und Fluth ist in Grönland sehr
stark.**

Ich kann auch nicht umhin, bey dieser Gelegenheit anzuführen, daß dasjenige, was ein gewisser
Mann behauptet hat, daß nehmlich in Norwegen
und Grönland gar keine Ebbe und Fluth anzutreffen sey, grundfalsch ist. Es ist selbige vielmehr
daselbst stärker, als irgendwo; denn das Wasser des
Meeres steigt in dem Neu- und Voll-Monde,
vornehmlich im Frühjahr und Herbst, über drey
Klaffter, und fällt auch wieder nach eben dem
Maaß.

## Das fünfte Capitel.

**Was man für Arten von Landthieren
und Vögeln in Grönland antreffe; und wie
die Grönländer dieselbe jagen und
schiessen.**

**Grönland hat keine schädliche Thiere, ausser
Bäre.**

Man findet in Grönland kein einziges schädli-
ches Thier, oder Schlange, ausser Bäre;
und dazu halten sich selbige mehr auf dem Wasser,
als auf dem Lande. Ausserdem finden sich dergleichen sonderlich nur bloß in Norden, woselbst sie
fast beständig auf dem Eise wohnen, und von Seehunden und andern Fischen leben. Man trifft sel-

ten

ten einen auf der Küſte der Colonie, wo ich mich
aufhielt, an. Sie ſind ungemein groß, und ſehen
gräßlich aus. Ihr Haar iſt weiß und lang. Man
ſagt, daß ſie nach Menſchenfleiſch begierig wären. (\*) Die Grönländer haben uns von noch
einer andern Art gefährlicher Thiere, welche ſie
Amarock nennen, erzählet, und welches ſowohl
Menſchen, als auch Thiere anfallen ſoll. Da mir
aber niemand hat ſagen können, jemahls dergleichen
geſehen zu haben; ihre Nachricht auf dem Berichte
anderer gegründet war; und überdem unſere Leute,
welche doch das Land überall durchreiſet ſind, niemahls dergleichen Thier zu Geſichte bekommen
haben: ſo ſehe ich dieſes als eine Fabel an.

Die Grönländer bringen den ganzen Sommer
mit der Rennthier-Jagd zu.

Die Rennthiere ſind an gewiſſen Orten in ſo
groſſer Anzahl, daß ſie Schaarenweiſe gehen; (\*\*)
man thut aber niemahls wohl, wenn man ſie alsdenn

---

(\*) Nach den 76ſten Grad zu giebt es eine groſſe Menge
Bäre. Sie beſuchen zum öfftern die Wohnungen derer Wilden, und gehen daſelbſt nach Raub aus. Man läſt aber die
Hunde auf ſie loß, und zu gleicher Zeit fallen ſie die Wilden
mit ihren Lanzen an, und ermorden ſie. In Anſehung ihres
Lagers im Winter, kann man ſagen, daß die Bäre, ſo, wie
ſie in Norwegen, und andern Ländern, ſich in Höhlen, oder
Löcher in der Erde, begeben, allhier ihr Lager im Schnee nehmen; und, nach dem Berichte der Grönländer, ſind dieſe Lä-
ger inwendig, wie Häuſer mit Pfeilern, zugerichtet. Sie verlaſſen ſelbige im Frühjahre, und nehmen ihre halbgebildete und
gräßlich ausſehende Jungen mit ſich, welche ſie nachher durch
Lecken vollends ausbilden.

(\*\*) Je weiter man nach Norden kömmt, je weniger trifft
man auch Rennthiere an; auſſer etwa drey bis vier Grade
nach Norden von der Inſel Disko: wo ihrer eine groſſe Menge

denn, wenn ihrer mehrere beysammen sind, anfällt.
Die Grönländer bringen den ganzen Sommer
mit der Rennthier-Jagd zu. Die mehresten von
ihnen, begeben sich mit ihren Weibern und Kindern, sehr weit in die Meerbusen hinein, und bleiben allda bis zum Herbst. Binnen dieser Zeit verfolgen sie diese armen Thiere dermaßen, daß selbige
nirgends gesichert sind. Wenn sie sehen, daß sie
irgendwo ihren Aufenthalt nehmen, machen sie eine
Art von Klopf- oder Auftreibe-Jagd (Chasse de
Trac) zurechte. Sie, ihre Weiber, und Kinder,
umringen diese Rennthiere, und jagen selbige nach
schmale Steige, oder enge Durchgänge hin, woselbst Mannspersonen, die auf sie warten, sie schiessen, und mit Pfeilen erlegen. Wenn sie nicht
Personen genug haben, sie zu umringen, so neh=
F 3      men

---

ge vorhanden ist; entweder, weil dieses Land an Amerika
stößt; oder, weil diese Thiere von da her auf dem Eise gekommen sind, um ihre Nahrung auf denen Inseln zu suchen, indem das feste Land fast ganz mit Eis und Schnee bedeckt liegt.
Bey der grossen Menge von Rennthieren, welche sich auf der
Insel Disko, die unter dem 69sten Grade liegt, finden, sind
die Wilden auf den Einfall gekommen, daß ein mächtiger Grönländer, oder Torngarsuck, der Vater jenes schrecklichen und
gräßlichen Weibes, welches im Innersten der Erde wohnt, und
die Thiere, die im Meere leben, regieret, und von der ich in
der Folge ausführlicher handeln werde, diese Insel von Süden
hieher gebracht, und an diesen Ort versetzt habe. Weil nun
ausserdem diese Insel ein erhabenes, und mit Felsen, die mit
Schnee und Eis bedeckt sind, besetztes Land, so wie das Land
von der Süd-Seite, ist; und weil vornehmlich daselbst Angelicke in grosser Menge wächst, da hingegen an keinem andern
Orte der Bucht dergleichen zu finden ist: so zweifeln sie im
geringsten nicht an der Wahrheit dieser Geschichte; und um
selbige noch mehr zu bekräftigen, geben sie vor, daß das Loch,
wo er das Seil seines Schlittens befestiget, noch gegenwärtig
auf der Insel zu sehen sey.

men ſie lange weiſſe Stanger, an deren Ende ſie
ein Stück Torf aufſtecken, und pflanzen ſelbige zu
beyden Seiten an den Weg der Rennthiere, damit
ſie ſich davon entfernen, und nicht hindurch wiſchen
mögen.

Die Haſen ſind ſchön, und groß. Weiſſe, graue
oder bläuliche Füchſe.

Es giebt in Grönland Haſen im Ueberfluſſe.
Sie ſind ſowohl den Winter, als Sommer über,
ſchön, groß, und weiß. Die Füchſe haben weiſſes,
graues, oder bläuliches Haar. Sie ſind nicht ſo
groß, als die in Norwegen und Dännemark
anzutreffende, und ihr Haar iſt nicht ſo ſtark, indeſſen iſt es doch ſo ſchön und fein, wie bey denen
Mardern. Die Grönländer fangen ſelbige lebendig in ſteinernen Fuchs-Prellen, welche wie kleine
Häuſer gemacht ſind, in welchen das Lock-Aas vermittelſt einer Stange befeſtigt iſt; ſobald der Fuchs
daran rührt, fällt die Thüre, welche aus einem groſſen, platten, und dünnen Steine beſteht, herunter,
und das Thier iſt ſolchergeſtalt gefangen.

In dem weſtlichen Theile Grönlandes haben
wir die andern Thiere, welche ſich, denen alten Ge-
ſchichtbeſchreibungen zufolge, (*) in Grönland finden ſollten, als: die Zobel, Wölfe, Luchſe, Viel-
fraſſe, Hermeline, und dergleichen, nicht ausfindig
machen können. Es iſt zu bewundern, wenn ſie
vor dieſem allda anzutreffen geweſen, daß man ſie
anjetzt nicht mehr daſelbſt findet.

Es

(*) G. Arngr. Jonä Grönland, und Ivari Beri
Bericht, beym Wandalin.

**Es giebt in Grönland keine andere zahme Thiere,
als Hunde. Man bedient sich dererselben anstatt
der Pferde. Sie sorgen selbst vor ihre
Nahrung.**

Es giebt in Grönland keine andere zahme
Thiere, als die Hunde, mit denen die Grönländer
gut versehen sind. Sie sind sehr groß; und die
mehresten haben ein weisses, oder weiß und schwar-
zes Haar, mit gerade in die Höhe stehenden Ohren.
Wenn die Grönländer selbst ein tummes, lang-
sames und schläfriges Volk sind, so haben ihre
Hunde eine Gleichheit mit ihnen. Selbige sind
stumm, und bellen niemahls; sondern heulen bloß.
Die nordischen Einwohner bedienen sich ihrer an
statt der Pferde, auf dem Eise ihre mit ihren Seehunden beladenen Schlitten zu ziehen, und nach
ihre Wohnungen zu führen. Man spannt vier,
sechs, zuweilen acht bis zehn Hunde vor einen
Schlitten, auf welchem fünf bis sechs Seehunde,
und auch noch der Grönländer selbst liegen können. Sie ziehen dergleichen Ladung viel geschwin-
der, als unsere Pferde thun würden; und legen in
diesem Zustande, auf dem Eise, an die funfzehn
deutsche Meilen in einem Wintertage zurück. Ungeachtet die Grönländer ihre Hunde ungemein
gut nutzen können, so halten sie selbige doch sehr
schlecht. Diese armen Thiere müssen, so wie die
wilden Thiere, sich selbst versorgen. Sie müssen
sich die Knochen suchen, welche ihre Herren, wenn
sie selbige abgenaget haben, hinweg werfen. Einige
gehen und fressen Muscheln am Ufer des Meeres;
und des Sommers müssen sie **Arckebeeren,** oder

F 4 Re-

Revlinger fressen. Unterdessen pflegen auch die Grönländer, wann sie einen starken Vorrath von Lebensmitteln haben, ihren Hunden bisweilen Blut von gekochten Seehunden, nebst dem Eingeweide, und andere Kleinigkeiten zu geben.

Die Rebhüner finden sich in Menge in Grönland.

Was die Vögel anlanget, so haben die Grönländer keine zum Essen taugliche, ausser Rypen, (eine Art von Rebhuhn; Schneehuhn,) deren eine grosse Menge in dem Lande, bis nach denen Meerbusen, ist. Selbige sind im Winter weiß, und den Sommer über grau. Haselhühner giebt es in Grönland nicht. Die Raben gehören bey ihnen unter die zahmen Vögel; denn sie halten sich beständig bey denen Häusern der Grönländer, wegen des Aases und der Leichname der Seehunde, welche man auf dem Felde liegen läßt, auf. Man sieht weder Krähen, noch Aelster.

### Adler, und Falken.

Adler giebt es genug. Selbige sind ungemein groß, und ihre ausgestreckten Flügel betragen über eine Klaffter in der Länge. In denen Gegenden nach Norden trifft man sie indessen selten an. Das Land liefert graue, weißliche, und fleckige Falken; und vornehmlich grosse, nach Art derer Falken, fleckige Nachteulen. Man hat verschiedene Gattungen von kleinen Sperlingen. worunter man die Irsker, und noch eine andere Art ohngefähr von der Größe eines Sne-Fugl, begreift. Sie haben einen artigen Gesang, welcher dem Gesange der Lerche gleichkommt.

Die

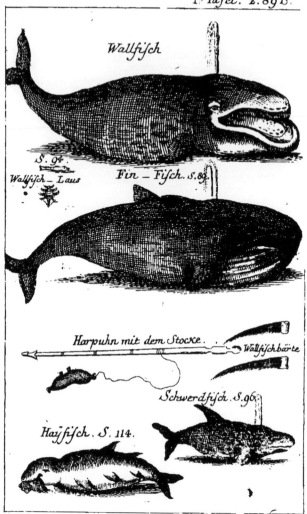

Wallfiſch

S. 94.

Wallfiſch — Laus

Fin — Fiſch. S. 89.

Harpuhn mit dem Stocke.

Wallfiſchbärte

Schwerdfiſch. S. 96.

Hayfiſch. S. 114.

**Die Mücken sind sehr beschwerlich.**

Unter dem Ungeziefer, ist die Mücke das vornehmste und häufigste. In dem Heu- und Augstmonathe, in welchen die Hitze am grössesten ist, absonderlich nach denen Meerbusen zu, sind sie denen Einwohnern ungemein beschwerlich, wegen ihrer empfindlichen, und zugleich einen Geschwulst verursachenden Stiche. Gleichergestalt giebt es auch Spinnen, Wespen, und Fliegen. Dagegen aber findet man in Grönland keine Schlangen, Waldschlangen, Kröten, Frösche, Bienen, und Ameisen; so wenig als Ratzen, Mäuse, und andere dergleichen Thiere.

# Das sechste Capitel.

## Von denen Thieren, Fischen, Vögeln, u. s. f. welche sich in denen Grönländischen Meeren finden.

**Verschiedene Arten von Wallfisch; Fin-Fisch.**

Die Grönländischen Meere bringen verschiedene Arten von Thieren, Fischen, und Vögeln hervor. Der ansehnlichste unter denen erstern ist der Wallfisch; und es giebt verschiedene Gattungen desselben. Zuförderst ist der wegen seiner auf dem Rücken, dicht am Schwanze, habenden Floßfeder sogenannte Fin-Fisch. Diese Gattung aber hat wenig Speck, und besteht gleichsam nur aus lauter Fleisch, Sennen, und Knochen. Die Ge-

F 5 stalt

ſtalt deſſelben iſt lang, rund, und dünne. Dieſe
Art von Wallfiſche iſt die gefährlichſte zum Anfallen; denn, er giebt ſo entſetzliche Schläge mit dem
Schwanze um ſich herum, daß diejenige, die auf
den Wallfiſchfang ausgehen, mit ihren Booten ihm
nahe zu kommen ſich nicht unterſtehen; ſie achten
auch dieſen Fiſch nicht ſonderlich, und verfolgen
ihn nicht.   Die Grönländer hingegen machen
ſich ſchon mehr aus ihm, wegen ſeines Fleiſches,
welches nach ihrem Geſchmacke iſt.

### Bart-Fiſch.

Die zweyte Art iſt ein guter Fiſch, und hat ein
ſchönes Fett, mit Bärten.   Man unterſcheidet ihn
von denen Fin-Fiſchen dadurch, daß er keine Floßfedern auf dem Rücken neben dem Schwanze hat;
dagegen aber hat er zwey Floßfedern hinter denen
Augen; und iſt mit einer dicken, ſchwarzen, und
mit weiſſen Linien gleichſam marmelirten Haut bedeckt.   Sein Schwanz iſt von gleicher Beſchaffenheit.   Seiner beyden Floßfedern bedient er ſich
zum Fortſchwimmen in dem Meere. Sein Schwanz
iſt gemeiniglich drey bis vier Klafftern lang; und
ſein Kopf iſt dermaſſen groß, daß er den dritten
Theil ſeines Körpers ausmacht.   Vorn ſind die
Lippen oben und unten mit kleinen Haaren beſetzt.
Ueber dem Maule ſtehen die Bärte, welche ihm
anſtatt der Zähne dienen, als deren dieſer Fiſch be-
raubt iſt.   Selbige ſind braun, ſchwarz, und gelb,
mit ſprenklichen Linien.   Innerhalb des Maules
ſind die Bärte mit Haaren, welche denen Pferde-
Haaren ähnlich ſind, vornehmlich zu beyden Seiten

ten der Zunge, beſetzt. Einige von dieſen Bärten
ſind, wie ein Säbel, gekrümmt. Die kleinſten ſte.
hen vorn an dem Munde, und hinten am Halſe.
Die breitſten und längſten befinden ſich in der Mit.
te, und ſind gemeiniglich 16 bis 18 Fuß lang, wo.
raus ſich leicht von der Gröſſe dieſes Thieres urthei.
len läßt. Gemeiniglich finden ſich 250 Bärte auf
jeder Seite, welches überhaupt 500 beträgt. Dieſe
Bärte machen eine breite und dünne Reihe. Sie
ſtehen gantz dicht neben einander, und ſind nach
einwärts ein wenig gekrümmt, und in Geſtalt eines
halben Mondes. Ueber dem Munde, neben dem
Gaumen ſind ſie breiter; und ſie haben daſelbſt ihre
Wurzeln, und ſtehen feſt darinn. Dieſer Gaumen
iſt von einer klebrigen, weiſſen, und knorpeligen
Materie; nach unten, oder am Ende aber ſind ſie
dünn, und ſpitzig, und zugleich mit Haaren beſetzt,
damit ſie die Zunge nicht verletzen mögen. Der
untere Kinnbacken des Wallfiſches iſt gemeiniglich
weiß, und die Zunge liegt zwiſchen denen Bärten,
und iſt an der untern Lefze befeſtigt. Sie iſt un.
gemein groß, von weißlicher Farbe, mit ſchwarzen
Flecken, und beſteht aus einer zarten, fetten, und
ſchwammichten Materie.

Unterhalb des Kopfes ſind die Löcher, wodurch dieſer Fiſch Athem hohlt.

Unterhalb des Kopfes des Wallfiſches, befindet
ſich ein Buckel, welcher zwey Sprützen, oder Bla-
ſelöcher hat, eins neben dem andern, welche, wie
die Löcher an einer Geige, gekrümmet ſind.
Durch dieſe beyde Löcher ſtößt der Fiſch ſeinen
Athem von ſich. Man hatte ſich eingebildet, daß
dieſen

dieser Fisch Wasser durch dieses Loch auswerfe, allein, es ist sein Athem, welcher auf diese Art das unter ihm befindliche Wasser, mit einem so heftigen Brausen in die Höhe sprützt, daß man es beynahe auf eine Meile weit auf der See hören kann, wenn man den Fisch, wegen des dicken Nebels, nicht sehen kann. Er bläset mit der stärcksten Gewalt, wann er fühlt, daß er verwundet sey; und macht ein so entsetzliches Geräusch, als die Meereswellen bey einem starcken Sturm. Seine Augen, welche zwischen den Buckel und die Floßfedern liegen, sind nicht grösser, als die Augen bey einem Ochsen, und mit Augbraunen besetzt.

Sein männliches Glied ist ein harter Muskel, welcher, nach der Grösse des Fisches, sieben bis acht, und zuweilen 14 Fuß lang ist. Selbiger ist in einem Ueberzuge, oder einer Art von Scheide eingeschlossen, und man bekommt fast nichts davon, ausser etwa nur einen gar kleinen Theil, zu Gesichte. Das weibliche Geburtsglied ist eben so, wie bey denen vierfüßigen Thieren, beschaffen. Das Weibgen hat auf jeglicher Seite eine Zitze; jede mit einem Euter, wie bey denen Kühen. Einige haben weisse, andere dagegen schwarz- und blaugefleckte Zitzen. Wenn sie nicht säugen, sind ihre Zitzen sehr klein. Zur Zeit der Begattung hebt dieser Fisch seinen Kopf über dem Wasser in die Höhe, welches mit seiner Natur übereinstimmt, indem er nicht lange unter dem Wasser seyn kann. Er muß, vornehmlich bey denen Bewegungen des Begattens, Athem schöpfen.

Der

**Der Wallfisch wirft nicht mehr als ein oder
zwey Jungen auf einmahl.**

Man sagt, daß er nicht mehr, als ein oder
zwey Jungen auf einmahl, werfe. Das Weibgen
ist, angezeigter massen, mit zwey Zitzen versehen,
woraus ihre Jungen ihre Nahrung ziehen, indem
sie die Milch saugen. So lange der Saamen
des Wallfisches frisch ist, bleibt er weich und kle-
brig, und man kann ihn, wie Wachs und Theer,
in Fäden ziehen. Dasjenige, woraus der sogenannte Wallrath, (Sperma ceti) bereitet wird,
ist gar nicht dieser Samen; denn der Samen des
Wallfisches verdirbt gar bald, und bekömmt einen
üblen Geruch; und man kann ihn auf keinerley
Art erhalten.

**Es giebt einige, welche vierzig Ellen lang sind.**

Diese Seethiere, oder Fische, sind von verschiedener Grösse. Es giebt einige, aus denen man
hundert Tonnen Fett bekommen kann: andere, von
denen man sogar an dreyhundert Tonnen erhält.
Dieser Speck liegt zwischen der Haut und dem
Fleische, und ist sechs bis acht Zoll dick, vornehmlich auf dem Rücken, und unter dem Bauche.
Die dickste und stärkste Sennen sind an dem
Schwanze befindlich, mit welchem er sich herum
dreht, so wie sich ein Schiff vermittelst des Steuer-
ruders herum dreht, und regieren läßt. Seine
Floßfedern dienen ihm an statt der Ruder, mit
welchen er in dem Meere, mit einer seiner Grösse
gemässen Geschwindigkeit, schwimmt; und er läßt,
so wie ein durch einen guten Wind fortgetriebenes
Schiff, eine Linie oder Spur hinter sich zurück.

Der

### Der Wallfiſch iſt von Natur furchtſam.

So groß auch dieſe Fiſche ſind, ſo ſind ſie doch
ſehr furchtſam; denn, ſobald ſie das Geräuſch,
welches ein Schiffsboot mit dem Ruder verurſacht,
hören, oder einen Menſchen gewahr werden, fliehen ſie, und tauchen unter das Waſſer: wenn ſie
ſich aber in Noth befinden, alsdann laſſen ſie ihre
auſſerordentliche Stärcke ſehen. Sie zerſchmettern
alles, was ihnen im Wege kömmt; und wenn ſie
alsdann ein Boot erreichen, ſo brechen ſie es in
Stücke. Nach dem Bericht der Wallfiſchfänger,
läuft er mit einer Leine einige hundert Klafter fort,
und zwar viel geſchwinder, als ein Schiff mit allen ſeinen Segeln.

**Seine Nahrung beſteht in dem kleinen Inſekte,
welches Aas genannt wird, und in groſſer Menge
in dem Grönländiſchen Meere anzutreffen iſt.**

Man ſollte glauben, daß ein ſo groſſer Körper
ſehr vieler anderer Fiſche, oder Seethiere, zu ſeiner Nahrung bedürfte; allein, ſeine Nahrung beſteht bloß in dem ſogenannten Wallfiſchaas, einer Art eines Inſektes, von der auf beyliegender
Kupfertafel vorgeſtellten Figur und Gröſſe. Es
iſt ſelbiges von brauner Farbe, und hat zwey kleine
Floßfedern, vermittelſt welcher es ſich in dem Waſſer bewegt; jedoch dermaſſen langſam, daß man
es mit der Hand eben ſo gut, wie mit einem Eimer, fangen kann. Dieſe Art von Inſekte iſt
dermaſſen weich, daß, wenn man es zwiſchen den
Fingern reibt, man Fett, oder Fiſchtran zu halten glaubt. Es iſt ſelbiges überall in denen
Grönländiſchen Meeren in groſſer Menge anzutreffen;

treffen; und diese Art von Wallfisch ist sehr hinter ihm her. Da der Wallfisch eine ungemein enge
Kehle hat, sintemahl sie im Durchschnitt nicht über
vier Zoll zu haben pflegt; da ferner die kleinen
Bärte an dem Ende der Zunge bis in die Kehle
hinunter zu laufen scheinen; und er überdem auch
keine Zähne zum Kauen, oder Zermalmen hat;
so kann er auch keinen dicken, oder harten Körper einschlucken; diesem kleinen Fische hingegen ist sie
gemäß gerichtet, und seine ausserordentlich grosse Lippen können eine ziemliche Menge davon in sich
nehmen und behalten, wann er selbige als ein Netz
öfnet, und sie nachher wieder zuschließt. Die Natur hat seinen Mund mit Bärten, welche so dicht
an einander stehen, versehen, daß bloß das Wasser, zwischen denselben, gleichsam als durch ein
Sieb, hindurch strömen kann, da unterdessen sein
Raub zurück bleibt. Laßt uns hieben die Weisheit und Vorsorge des Schöpfers bewundern, welcher ein so geringes Ding zur Nahrung, und
zum Unterhalt eines so grossen Fisches bestimmt hat!

### Nordcaper.

Nach dieser Art von Wallfische folgt eine andere Gattung, welche man Nordcaper nennt,
von Nordcap in Norwegen, allwo er sich mehrentheils aufzuhalten pflegt; wiewohl man auch einige in denen Meeren Islandes, Grönlandes,
und anderwärts antrifft, wo überflüßig viel Häringe und andere kleine Fische, als welche sie verfolgen, zu finden sind. Man hat dergleichen Wallfische, welche mehr, als eine ganze Tonne Häringe
in dem Bauche gehabt, gefunden. Die Nordcaper
glei-

gleichen in Ansehung ihrer Natur und Eigenschaf=
ten denen Fin=Fischen; denn, es sind, eben so,
wie diese, Fische, welche geschwind schwimmen, und
sich gern in der vollen See halten; als wann sie
sich fürchteten, der Raub ihrer Feinde zu werden,
wenn sie sich nahe an denen Küsten aufhielten.
Dieser Fisch hat einen viel dichtern und härtern
Speck, als die vorerwähnten Wallfische; seine
Bärte hingegen sind nicht so lang, und auch nicht
so gut: daher man sich gemeiniglich auch nicht viel
aus ihm zu machen pflegt.

### Schwerdfisch.

Die vierte Gattung des Wallfisches ist der
Schwerdfisch, welcher wegen eines langen und
breiten Beines, so ihm aus der Nase heraus ge=
wachsen, also genannt wird, und Zähne an jeder
Seite hat. Gedachtes Bein gleichet in Ansehung
seiner Gestalt einer Säge, oder einem Kamm. Auf
dem Rücken hat dieser Fisch zwey Floßfedern, und
unter dem Bauche vier, nehmlich an jeder Seite
zwey. Die auf dem Rücken sind länger und brei=
ter; die am Bauche sind kürzer und schmäler, und
stehen gerade unter denen Flossen des Rückens.
Sein Schwanz ist unten breit, und hinten spitzig.
Die entfernteste Floßfeder des Rückens ist am schma=
lesten. Die Nasenlöcher sind länglicht. Die Au=
gen stehen erhaben in dem Kopfe, gerade oberhalb
des Mundes. Die Grösse dieser Fische ist ganz
ungleich; denn man findet einige, welche zwanzig
Fuß lang sind; andere sind noch länger; und wie=
der andere kürzer. Dieser Schwerdfisch ist der
wahre und größte Feind des Wallfisches, mit dem
er

er einen hitzigen Kampf hält; und wenn er einen
überwunden und getödtet hat, so genießt er nichts,
als die Zunge davon; das übrige überläßt er denen
Hayen, Wallroffen, (Elephas marinus) und
Fleischfräßigen Vögeln.

### Cachelot, oder Pot=Fisch. (7)

Der Cachelot, oder Pot=Fisch ist eine Art
von Wallfisch, dessen Gestalt folgendermaffen be=
schaffen ist. Der obere Theil seines Kopfes ist weit
grösser und dicker, als der Kopf der übrigen Wall=
fische. Er hat seine Blaslöcher vorn in dem Kopfe,
da hingegen andere Wallfische dieselben hinten auf
dem Kopfe, und oberhalb der Augen haben. Seine
Zähne stehen in dem untern Kiefer, und sind kurz
und niedrig. Seine spitzige und dünne Zunge ist
gelblicht von Farbe. Er scheint nur ein Auge zu
haben, da er doch deren zwey hat; das linke aber
ist dermaffen klein, daß man es nicht wahrnehmen
kann. Daher können ihn die Grönländer gar
leicht fangen, wann sie ihn auf derjenigen Seite,
wo er fast kein Auge hat, anfallen. Seine Hirn=
schale liefert eben den fälschlich sogenannten Wall=
fisch=Saamen, oder Wallrath, (Sperma ceti.)
Man bekommt zuweilen an zwanzig bis vier und
zwanzig Tonnen daraus. Der Körper ist mehr,
als der Kopf, mit dem Wallfisch in eine Verglei=
chung zu bringen; und so auch der Schwanz. Er

G                          ist

---

(7) Vom Cachelotten, oder Potfisch: S. das Reich der
Natur und der Sitten, 3. Th. Halle 1758. gr. 8vo. 70
St. S. 12. f. A. d. Ueb.

iſt auf dem Rücken braun, und unten am Bauche
weiß. Gemeiniglich iſt er 50 bis 70 Fuß lang.

### Weißfiſch.

Der Weißfiſch wird unter die Wallfiſche ge-
rechnet, weil er denenſelben ſehr gleichkömmt. Er
hat keine Floſſen auf dem Rücken; unten aber hat
er zwey groſſe Floſſen. Der Schwanz iſt gleichfalls dem Schwanze eines Wallfiſches gleich. Er
hat ein Spey - oder Blasloch, wodurch er ebenfalls
Athem hohlt, und Waſſer auswirfft; wie auch einen
Höcker, als der Wallfiſch. Von Farbe iſt er gelb-
lichweiß. Gemeiniglich iſt er 12 bis 16 Fuß lang,
und ungemein fett. Man bekömmt aus ſeinem
Specke einen ſo ſchönen Tran, wie das ſchönſte
Baumöhl. Sein Fleiſch ſchmeckt nicht übel; ſo
wenig, wie ſein Speck; welches, wann es mit Wein-
Eßig und Salz angemacht iſt, eben ſo gut, als
Schweinefleiſch ſchmeckt. Die Floſſen und der
Schwanz haben ebenfalls einen ganz leidlichen Geſchmack, wenn man ſelbige auf vorgemeldete Art
zubereitet hat. Dieſe Art von Fiſch iſt gar nicht
furchtſam; denn man ſieht ſie öffters ſich Hauffen-
weiſe um die Schiffe, welche auf dem Meere ſchiffen, herum begeben. Die Grönländer befleißigen
ſich ſehr auf den Fang dieſes Fiſches, weil ihnen
ſelbiger ungemein nützlich iſt.

### Buttskopf.

Der Buttskopf iſt eine Art von kleinen Wallfiſche, welcher darum alſo genennet worden, weil
ſein Kopf vorn dick und ſtumpf, und hinten gleich
dick iſt. Er hat auf dem Rücken, ganz dicht neben

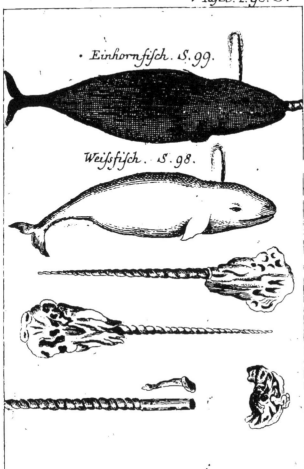

Einhornfisch. S. 99.

Weissfisch. S. 98.

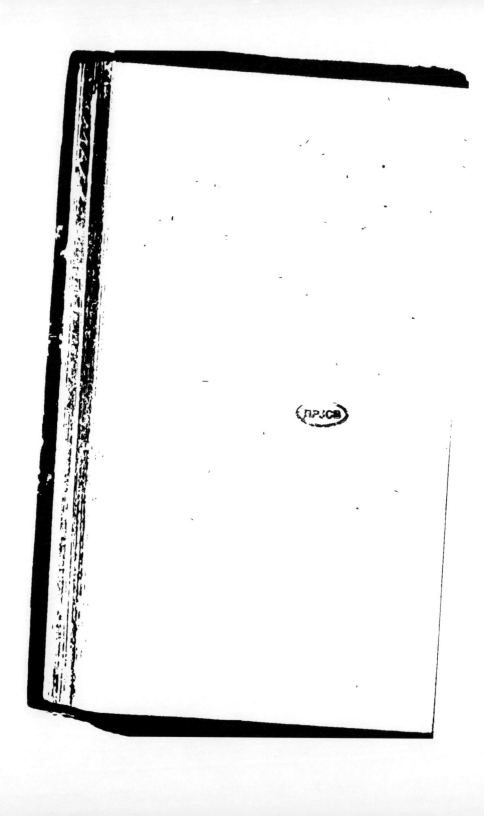

ben dem Schwanze, eine Floßfeder; und unten
an dem Bauche, nach vorn zu, zwey dergleichen
Flossen. Sein Schwanz gleicht dem Schwanze
des Wallfisches. In dem Nacken des Halses hat
er Löcher, wodurch er Athem hohlt, und Wasser
auswirft; er bläset aber nicht mit solcher Stärke,
und sprützt das Wasser nicht so hoch, als der
Wallfisch. Die Grösse dieser Fische beträgt vierzehn bis zwanzig Fuß. Sie mögen gern um die
Schiffe, welche in vollem Segel sind, und guten
Wind haben, herum schwimmen; es scheint, als
wollten sie mit ihnen reisen; anstatt daß die mehresten andern Wallfische vor die Schiffe fliehen.
Wann ein Sturm ist, pflegt dieser Fisch gemeiniglich in die Höhe zu springen, wie die andern
Wallfische, als welche zu derselben Zeit in einer
ausserordentlichen Bewegung sind.

**Seeeinhorn. (Einhornfisch. Narwal.)** (³)

Man kann unter die Wallfische auch das sogenannte Seeeinhorn, (Einhornfisch) rechnen, welches seine Benennung daher erhalten hat, weil es
G 2　　　　mit

---

(³) Man kann von diesem merckwürdigen Thiere folgende
Abhandlungen zu Rathe ziehen: Nachricht vom Seeeinhorn:
st. im 90 St. der Berlin. wöchentl. Relation der merkwürd.
Sachen aus dem Reiche der Natur 2c. v. J. 1754, S. 719.
THO. BARTHOLINI relatio de Grœnlandorum unicornu,
stehet in dessen Actis med. et philos. Hafnicus. Vol. II. A. 1673,
S. 70, f. Eben desselben Tractat de unicornu, ist 1678,
zu Amsterdam, in 12. herausgekommen. A description of the
Narhual, who hath been caught alive in a Creek, called the Be-
luhner Wadt, belonging to the Bailiwick of Newhaus in the
Dutchy of Bremen, communicated by JOHN HENRY
HAMPE, st. in dem XL. Bande der Philos. Transact. Numb.
447.

mit einem langen Horne vorn an dem Kopfe versehen ist. Sein eigentlicher Nahme ist Narhval.
Es ist ein mittelmäßig dicker Fisch. Er ist gemeiniglich achtzehn bis zwanzig Zoll lang. Sein
Speck wird sehr hoch geschätzt. Seine Haut ist
glatt, schwarz, und ohne Haare. Er ist vorn,
unten an dem Bauche, mit einer Flosse auf jeglicher Seite versehen. Sein Kopf gehet spitzig zu;
und in seinem Maule, auf der linken Seite, neben dem Oberkiefer, hat er ein rundes, wie eine
Schneckenlinie gedrehetes, und vorn spitzig zuge-
hendes Horn. Die stärksten und längsten von
diesen Hörnern sind vierzehn bis funfzehn Fuß
lang,

---

447, for *Jan. Febr. M. A. and May* 1738, S. 149, f. Jo.
Jac. Langens Nachricht von dem *Vnicornu marino*, oder
Meereinhorn, welches in Halle 1736 ist zu sehen gewesen,
st. in No. 19 der Hallischen Anzeigen, v. J. 1736. *SAM.
THEOD. QVELLMALZ obs. de vnicornu marino, ex vi-
cinia Bremensi Lipsiam delato*: st. im VI. Bande des *Commerc.
litter. Nor.* v. d. Jahr 1736, hebd. XXII, n. 4. S. 171/173:
wobey die *Notæ ad annum* 1736, auf der vierten Seite der
Vorrede mit zu Rathe gezogen werden können. *SAL. REI-
SELII obs. de vnicornu marino duplici*, st. im 7 und 8 Jahre
der 3ten Decurie der *Miscell. Nat. Cur.* in der 208sten *Obs.*
*NIC. TVLPII obs. de vnicornu marino*, st. nebst 3 Figuren,
in dessen *obs. med.* nach der 5ten Ausgabe, *Lugd. Bat.* 1716,
8. *Lib.* IV, *Cap.* 59, S. 374/379. Eine deutsche Uebersetzung
davon, nebst hinzu gefügter Beschreibung eines andern
solchen Thieres, welches d. 31 Jan. 1736 am Ostenstrom
im Bremischen vom Meere auf den Sand gesetzet, und
durch 10 Leute gefangen worden; st. als ein Anhang bey
Ge. Wilh. Stellers ausführlicher Beschreibung von
sonderbaren Meerthieren, Halle, 1753, gr. 8. S. 208/218.
*Part of a Letter from Dr. STEIGERTAHL, to Sir Hans
Sloane, giving an account of a Narhual or Vnicorn Fish, lately
taken in the River Ost, Dutchy of Bremen, dated at Hanover,
May* 1, 1736: translated from the french, by T. S. st. nebst einer Abbildung, im XL. Bande der *Philosoph. Transact.* No. 447,
for *Jan. F. M. A. and May* 1738, S. 147/149. A. d. Ueb.

lang, und Arms dick. Die Wurzel desselben geht
ganz nach vorn in den Kopf hinein, ohne Zweifel aus keinem andern Grunde, als damit er ein
so schweres Horn desto leichter möge tragen können. Es besteht selbiges aus einer ungemein schönen, weissen, dichten, und eben deswegen sehr
schweren Materie. Ein Drittheil dieses Hornes,
nach der Wurzel zu, ist gemeiniglich hohl; es giebt
aber auch einige, welche nach der Wurzel und
Spitze zu hohl sind, und wo der übrige Theil hohl ist.

Es findet sich auch hiernächst auf der rechten
Seite der Hirnschale, oder des Kopfes, noch ein
anderes kleineres Horn, woselbst selbiges ebenfalls
an der einen Spitze vermittelst einer Wurzel befestigt ist; allein es wächst nicht über die Haut
hinaus, welches zu bewundern ist; und man kann
nicht absehen, warum der Schöpfer dieses auf solche
Art eingerichtet habe. Auf dem Kopfe hat das
Meereinhorn, eben wie die andern Wallfische, zwey
Nasenlöcher, oder zwey Oeffnungen, wodurch sie
Athem hohlen; in dem letztern aber dieser Löcher
vereinigen sie sich, und machen nur eine einzige
Oefnung aus, durch welche der Fisch Lufft schöpft
und bläset, sobald er über das Wasser kömmt.
Uebrigens ist es nicht, wie man sich eingebildet hat,
Wasser, was der Fisch in die Lufft bläset, wann
er sich über das Wasser erhebet, sondern, es ist bloß
sein Athem, welcher eben die Würkung verursacht,
als wenn man Wasser durch eine grosse Pumpe
heraussprützte. Der Hintertheil dieses Fisches hat
übrigens mit dem Hintertheile des Wallfisches eine
Aehnlichkeit.

Irrthum

Irrthum derer Schriftſteller, welche dieſes Horn
für einen Zahn gehalten haben.

Ich muß noch zwey Worte von dem Horne dieſes Thieres hinzu fügen; in Anſehung deſſen nehmlich, da ſo viel darüber geſtritten worden, ob es ein
Zahn oder ein Horn ſey; und ich werde bey dieſer
Gelegenheit zugleich den Irrthum derer Schrifft-
ſteller darthun, welche behauptet haben, und beweiſen wollen, daß es kein Horn, ſondern ein Zahn
ſey; dieweil es nicht auf die Stirn, wo die andern
Thiere ihre Hörner haben, ſondern vorn an dem
Kopfe ſteht.  Allein, es fällt in die Augen, daß
es im geringſten nicht wie ein Zahn geſtaltet ſey;
und daß es weder die Natur, noch die Eigenſchaft
der Zähne anderer Thiere, welche in dem Meere
befindlich ſind, an ſich habe. (*)  Auſſerdem ſitzt
deſſen Wurzel nicht in dem Kiefer, wie bey andern
Zähnen zu ſeyn pflegt: ſondern ſie geht ganz tief in
den Vordertheil des Kopfes hinein; wie auf der
beygefügten 5ten Kupfertafel zu ſehen iſt. Uebrigens
iſt es eben ſo lächerlich, zu ſagen, daß die Thiere
Zähne auf der Naſe haben, als Hörner.  Könnte
man nicht auch auf eben die Art ſagen, daß die
Oefnungen, durch welche der Wallfiſch bläſet, nicht
Naſenlöcher ſeyn, weil ſie oben auf dem Kopfe befindlich ſind; oder, daß die Augen der Klapmütze,
einer Art von Seehunde, keine Augen ſeyn, weil
ſie hinten an dem Nacken des Halſes ſtehen? Und,
kann es die göttliche Weisheit nicht ſo eingerichtet
haben,

---

(*) S. das *Muſæum Wormianum*, im 14. Cap. des III. B.

haben, daß die Hörner dieses Fisches gerade nach
vorn stehen, damit sie selbigen nicht am Schwimmen, und Fortsetzung seines Laufes hinterlich seyn
mögten; welches alsdann, wenn sie in die Höhe
gestanden hätten, gewiß geschehen seyn würde?
Ausserdem dient ihm dieses Horn nicht bloß dazu,
daß es seine Nahrung, welche im Meergrase, und
andern dergleichen Dingen besteht, aus der Tiefe
des Meeres herauf hohlen möge: sondern auch, um
damit Löcher in das Eis zu bohren, und Oefnungen
darin zu machen, damit es Athem hohlen könne.
Der Einwurf, welchen man hiergegen macht, und
der Schluß, den man daraus zieht, daß, weil die
Fische, und andere Seethiere weder Füsse noch Nägel, wie die Landthiere, haben, sie auch eben so
wenig Hörner haben müßten, sind von keiner Erheblichkeit.  Denn, daß sie in diesem Stücke etwas
mit denen Landthieren gemein haben, ist eben so
wenig seltsam, als dieses ist, daß viele unter ihnen
in Ansehung der Gestalt, eine Aehnlichkeit mit verschiedenen dieser Thiere haben; immassen man nicht
allein Seekälber, Seehunde, und Seewölfe, sondern
auch sogar Seemenschen findet.  Und giebt es auch
nicht ebenfals Fische mit Flügeln, und mit einem
langen Schnabel, dergleichen denen Vögeln eigen
sind, und Vögel, welche vier Füsse, wie die vierfüßigen Thiere, haben? Warum sollte es auch nicht
ein See-Einhorn, so wie ein Land-Einhorn, geben,
wofern es an dem ist, daß dergleichen in der Natur vorhanden sey? denn es läßt sich schwer bestimmen und sagen, von welcher Art von beyden
die in der heiligen Schrifft von dem Einhorn be-
G 4 find-

findliche Worte (\*) zu verstehen seyn; und ob es
von der Beschaffenheit sey, als es Plinius, und
andere beschreiben: nehmlich, in der Gestalt eines
Pferdes, und mit einem Hirschkopf, oder mit einem
Horn auf der Stirn; oder, ob man nicht vielmehr
glauben müsse, daß sie das Naseborn (Rhino-
ceros,) welches ein Horn auf der Nase hat, und
in Afrika angetroffen wird, darunter verstehen?
Wenn man den Unterschied, der sich zwischen demjenigen, was die Schriftsteller davon geschrieben
haben, findet, in Betrachtung zieht, so hat man
Ursach zu zweifeln, daß ein dergleichen Thier irgendwo vorhanden sey, und es eben so, als den sogenannten Vogel Phönix, anzusehen. Einige beschreiben selbiges würklich, als ein See- und Land-
thier, welches im Wasser und auf der Erde zugleich
lebt; andere, als einen Ochsen, mit schwarzen Flecken auf der Haut, und mit Pferdefüssen; noch andere, als ein dreyjähriges Füllen, mit einem Hirschkopf, oder mit einem 6 Fuß langen Horn auf der
Stirn; wieder andere, als einen Elephanten, mit
einem Schweinskopfe. Einige haben geschrieben,
daß es einem Seepferde gleiche, und ein Horn auf
der Stirn habe. Einige geben ihm ein spitziges,
10 Fuß langes Horn; andere machen es nur sechs
Fuß lang, und noch andere bloß 3 Zoll. Verschiedene
Schriftsteller behaupten, daß es schwarz sey; andere haben es für weiß angegeben, u. s. f. Man
kann hierüber den Plinius, Münster, Paul
Philo-

---

(\*) Ps. 29, 6. und an andern Orten.

Philoſtrat, Heliodor, und verſchiedene andere (9) nachſehen, deren Nachrichten mir mit demjenigen eine Aehnlichkeit zu haben ſcheinen, was die Grönländer von einem gewiſſen gräßlichen und Fleiſchfräßigen Thiere, Nahmens Amarock, erzählen, von welchem ein jeder ſpricht, welches aber niemand geſehen zu haben verſichern kann.

### Der Niſer oder das Meerſchwein.

Der Niſer oder das Meerſchwein iſt noch eine Art von kleinen Wallfiſch, dergleichen man überall auf der See antrift. Der Kopf deſſelben hat eine ſtarke Aehnlichkeit mit dem Butskopfe,

G 5 und

---

(9) Es verdienen von dem Land-Einhorne, (Unicornu terreſtre, Monoceros,) folgende Nachrichten und Beſchreibungen angemerkt zu werden: *PAULI AMMANNI Caſus, Diſcurſus, & reſponſum Facultatis med. Lipſ. d. d. 2 Maj. 1656. concernens probationem Monocerotis,* ſt. in deſſen *Medicina critica, ſ. deciſoria, Stadæ 1677. 4. Caſ. LXVII.* S. 415 : 418. *F. C. BEHRENS Diſſ. de Monocerote, Lipſ. 1672. 4. PET. BELLONII Obſ. de Cretenſi arie Strepſiceros nominate: Diſceptatio præterea edocens, quid ſit Vnicornu;* ſt. nebſt einer Abbildung in deſſen *Obſ. Lib. I. c. 14.* welche bey *Car. Cluſii exoticorum Libris X.* 1605. ſ, befindlich ſind. *SIMON. FRID. FRENZEL Diſſ. de Vnicornu, Reſp. Chriſt. Vater, Witteb.* 1675. 4. 3 B. *GE. CASP. KIRCHMAIER Diſſ. de Monocerote, ſeu Vnicornu; Reſp. Jo. Frid. Hubrigk, Witteb.* 1660. 4. drittehalb Bogen. *SAL. REISELII Obſ. de Unicornu cum obolo antipathia, vel cum mica panis ſympathia nulla,* ſt. in den Miſcell. Nat. Cur. A. 1671, Obſ. iii. *P. LUD. SACHS Monocerologia, Raceb. 1676. t.* Herm. Sudens Unterſuchung, ob man noch Einhörner habe? ſt. in deſſen gelehrten Crutico, 1. Th. Leipz. 1715. 8. LXXVIII. Frage, S. 873 : 881. *G. WOLFG. WEDEL progr. de Vnicornu & ebore foſſili, Jen. 1699. 4. 2 B. CORN. STALPART van der WIEL. de Unicornu Diſſertatio,* ſt. bey deſſen *Obſ. rarior. anat. chir. medicis,* nach der Leidener Ausgabe, 1727. 8. S. 463 : 516. nebſt einer Kupfert. Anm. d. Ueberſ.

und ſein Mund iſt mit ſpitzigen Zähnen beſetzt.
Er hat, eben wie der Wallfiſch, Blaſe-Löcher
und eine Floſſe mitten auf dem Rücken, welche
ſich in einen halben Mond an der Seite des
Schwanzes endigt. Unter dem Bauche hat er
zwey fleiſchige, und mit einer ſchwarzen Haut
bedeckte Floſſen. Sein Schwanz iſt breit, und
wie bey dem Wallfiſch geſtaltet. Er hat zwey
ſehr kleine und runde Augen. Seine Haut iſt
glänzendſchwarz; unter dem Bauche aber weiß.
Dieſer Fiſch iſt fünf, höchſtens bis acht Fuß lang.
Sein Speck iſt ſchön, und ſein Fleiſch ein Lecker-
biſſen vor die Grönländer.

**Andere Seethiere. Das Meerpferd. (Wallroß)**

Der Wallroß, oder das Meerpferd, ([10]) iſt
eine Art von Fiſch, deſſen Geſtalt einem Seehunde
gleichkömmt: jedoch iſt es weit gröſſer und ſtärker.
Seine Pfoten ſind mit fünf Klauen verſehen, wie
die Pfoten des Seehundes; doch kürzer von Nägeln;

---

([10]) Von dem Seepferde (Meerpferd, Wallroß, Roßmar,
Equus marinus, Hippopotamus) handeln folgende Schriften
ausführlicher: C. AUG. de BERGEN Diſſ. de dentibus,
qui ſub nomine dentium Hippopotami in officinis veneunt phar-
maceuticis, Reſp. Chriſt. Melch. Brückner, Frf. ad V. 1747. 4to.
viertehalb B. Obſervations ſur quelques oſſemens d'une teſte
d'Hippopotame, par Mr. de JUSSIEU, ſt. in den Memoires
de l'Acad. R. de Paris, v. J. 1724. S. 209 : 215. Remarque
ſur les ouies du cheval marin, par Mr. de VILLENEUVE,
ſt. in dem Mercure de France, Juin 1756. S. 133 : 137. deßgleichen im Nouvelliſte œconom. & litter. Tom. XIX. pour les
mois de Juill. & d'Aoüt 1757. S. 157 : 160. Eine von mir
beſorgte deutſche Ueberſetzung dererſelben, unter dem Titul:
Herrn v Villeneuve Anmerkung von den Ohren
des Seepferdes, ſt im Hamburg. Magaz. XXIV. B. 6. St.
S. 598 : 604. Anm. d. Ueb.

*VI Tafel. z. 107 S.*

Spraglet

Klapmüts. S. 108.    Svart süde

S. 107.

geln; und der Kopf ist dicker, runder und stärker.
Die Haut dieses Thieres ist, vornehmlich am Halse,
einen Daumen dick, und aller Orten faltig, und
runzlig. Es hat ein dickes und braunes Haar.
In dem obern Kinnbacken sitzen zwey krumme Zähne, welche aus dem Munde über der Unterlippe
hervorragen; und einen oder zwey Fuß lang, und
bisweilen auch wohl noch länger sind. Die Wall-
roßzähne sind in eben solchem Werth, als die Ele-
phantenzähne. Inwendig sind sie dicht und fest,
an der Wurzel aber hohl. Sein Maul ist wie ein
Ochsenmaul; unten und oben mit stachlichten Bor-
sten, in der Dicke eines Strohhalms, besetzt, und
diese dienen ihm anstatt eines Bartes. Oberhalb
des Mundes sind zwey Naselöcher, wie bey dem
Seehunde. Seine rothe Augen sehen ganz feurig
aus; und weil sein Hals ganz ausserordentlich dick
ist, kann er nicht leicht um sich herum sehen; und
dieserhalb dreht er die Augen im Kopfe herum, wann
er etwas ansehen will. Er hat, gleich dem Seehunde, einen sehr kurzen Schwanz. Sein Fleisch
hat eine Aehnlichkeit mit dem Schweinenfleische.
Es pflegt sich dieses Thier mehrentheils auf dem
Eise aufzuhalten. Indessen kann es so lange auf
dem Lande bleiben, bis es der Hunger nöthigt, in
die See zu gehen; indem es sich von denen Fischen und Meer-Insekten unterhält. Wann es
schläft, schnarcht es ungemein stark; und wann es
im Zorne ist, brüllt es wie ein Ochs. Die Meer-
pferde sind beherzt, und stehen sich einander bis in
den Tod bey. Sie leben in beständigem Kriege
mit denen Bären, denen sie mit ihren grossen und

star-

starken Zähnen genug zu schaffen machen. Oefters
tragen sie den Sieg davon; und wenigstens käm-
pfen sie so lange, bis sie todt zur Erde niederfallen.

### Seehunde. (Robben.) (¹¹)

Man unterscheidet mancherley Arten von Seehunden, ohnerachtet sie beynahe insgesamt, in Ansehung der Gestalt einander ähnlich sind; die Klapmütze ausgenommen, welche ihren Nahmen daher
erhal-

---

(¹¹) Der Seehund, Robbe, Seekalb, Meerkalb, oder
Meerwolf, im Lateinischen Canis marinus, Phoca, oder Pho-
cas, Tiburo, und Carcharias, wird in folgenden Abhandlungen
ausführlicher beschrieben: Nachricht von dem Fisch Carcharias, oder Seehund, st. in den Breßl. Samml. XVI. Vers.
Jun. 1721. Cl. IV. Art. 11. Eigentliche Abbildung und Beschreibung des sehr grossen Fisches, welcher bey Neapolis
einen Fischer verschlungen, und den 6 Jun. 1721 auf eine
sonderbare Art gefangen worden, ist 1721 zu Berlin in
4to herausgekommen. *Catopardi, Phocæ & Elephanti cisterna,
& canalis thoracicus. primum detectus à JO. GE. DUVER-
NOI,* st. in den *Comment. Acad. Scient. Imper. Petropolit.* To.
I. ad A. 1726. S. 343 : 350. und wird in den *Act. Erud.
Lips. A.* 1729, M. Oct. S. 434. f. recensiret. *Observations d'Anatomie, & d'Histoire naturelle, faites sur une espece de chien de
mer, pris à Cette, & porté à Montpellier, le 5 Avr.* 1757, *pré-
sentées à Messieurs de la Société Royale des Sc. de Montpellier,
par Mr. GOYEAU,* st. in dem *Mercure de France,* Dec. 1757
S. 126 / 140. und ins Deutsche von mir übersetzt, und mit
Anmerkungen erläutert, unter dem Titul: Anatomische und
physikalische Bemerkungen über eine Art von einem bey
Ceuta gefangenen, und den 5 April 1757 nach Montpellier
gebrachten Seehunde: in dem Hamb. Magaz. XXIV. B.
5 St. S. 531 : 548. Joh. Sam. Halle handelt in seiner zu
Berlin 1757 in 8. herausgegebenen Naturgeschichte der Thiere, S. 579 : 583 von diesem Geschöpfe. Von einem leben-
digen Seehunde, s. Hanovs Seltenheiten der Natur und
Oeconomie, 1 Th. S. 475 fga. Phil. Jac. Hartmann
hat eine Dissertation von 4 Quartbogen de vitulo marino,
nebst dem Respondenten, Mich. Fried. Thormann, 1683. zu
Königsberg vertheidigt. *JAC. THEOD. KLEIN* historie

erhalten hat, weil sie gleichsam wie eine Art von
Mütze auf dem Kopfe hat, welche sie über ihre Augen

---

*riæ piscium naturalis promovendæ Missus secundus: accesserunt
singularia de I. dentibus balænarum & elephantinis; II. Lapide
Manati & Tiburonis,* ist 1741 zu Danzig, auf 6 Quartbogen,
nebst 4 Kupfert. herausgekommen. Joh. Ad. Kulmus anatomische Beschreibung der Seehunde, ist im 1cten Art. des
ersten Supplements der Breslaur Sammlungen anzutreffen.
Eben desselben *Anatome Phocæ,* ist im ersten Bande der *Actor.
phys. med. Acad. Nat. Cur.* in der 1ten Observ. und unter dem
Titel: Anatomie eines Meerkalbes, ins Deutsche überseßt,
als eine Einleitung vor G. Wilh. Stellers ausführlichen
Beschreibung von sonderbaren Meerthieren, welche 1753
zu Halle in gr. 8vo an das Licht getreten, S. 1 : 35, nebst
einer Abbildung anzutreffen. *Observation sur un organe parti-
culier du Chien de mer, par Mr. LAMORIER,* st. in der
*Histoire de l'Acad. des Sc. à Paris,* v. J. 1742. S. 32. f. Carl
Fried. Menanders *Diss. de arte coquendi adipem Phocarum in
Osterbothnia,* ist 1747 in 4. zu Abo gedruckt worden. *An account of the Phoca; Vitulus marinus, or Sea-Calf, shewed at
Charing-Cross, in Feb.* 1742 - 3, *by JAMES PARSONS,* st.
nebst einer Kupfert. im XLII. Bande der *Philosoph. Transact.
Numb.* 469, *for Feb. March and Apr.* 1743. S. 383 : 386. Eben
desselben *Dissertation upon the Class of the Phocæ marinæ,* st.
nebst 3 Kupfert. im XLVII. Bande der *Philos. Transact. for the
Years* 1751 *and* 1752, *Art. XV.* S. 109 : 122, und wird im 1sten
Th. des III. Bandes der *Commentar. de reb. in sc. nat. & med.
gestis, Lips.* 1754. 8. S. 15 : 17 recensiret. *Günth. Christoph.
SCHELHAMMERI Phocæ maris anatome, suscepta mense
Dec.* 1699. st. im Anhange zum 7ten und 8ten Jahre der 3ten
Decurie der *Ephem. Nat. Cur.* in der 1sten bis 29sten Ob-
servat. *GE. SEGERI anatome Phocæ fæmellæ junioris,* st.
in den *Miscell. Nat. Cur. A.* 1678 *&* 1679, und im 98sten Observ.
*M. A. SEVERINI antiperipateticus, it. Phoca anatomice spe-
ctatus,* kam zu Neapel 1659 in Fol. heraus. J. G. Sie-
gesbeck Anmerkung über die denen *Annalibus medico-phy-
sicis, P. XVI. p.* 635 inserirte Relation von dem Fische Carcharias, und zugleich über die beygefügte Meynung der
Gelehrten, daß der Prophet Jonas von keinem Wallfische,
sondern vielmehr von einem solchen Raubfische *Carcharia,*
verschlungen worden; st. in den Bresl. Samml. XXXI. Versuch, Jan. 1725. Cl. IV. Art. 10. Nic. Steno liefert in seinem *Specimine Myologiæ,* eine vortrefliche Zergliederung dieses
Thieres. Anm. d. Ueb.

gen niederschlagen kann, wenn man sie an den
Kopf schlagen will. Die Füsse der Seehunde
sind wie Gänsefüsse gestaltet. An jedem befinden sich
fünf Nägel, welche vermittelst einer schwarzen Haut
an einander hängen. Der Kopf gleichet einem
Katzen- oder Hunds-Kopfe mit abgeschnittenen
Ohren: doch ist er bey einem dicker, als bey dem
andern. Es hat dieses Thier an der Schnauze
einen Bart, imgleichen einige Haare an der Nase,
und über denen Augen, welche groß, und sehr hell
sind. Die Haut ist mit ziemlich kurzen Haaren
bewachsen, welche vielfärbig und bunt gefleckt sind;
einige sind schwarz und weiß; andere gelblich; einige grau, auch wohl röthlich. Es hat scharfe Zähne. Ob es gleich am Hinterleibe lahm zu seyn
scheint, so kann es doch auf denen Eisschollen herum springen und klettern, worauf es sich gern zu
legen, und in der Sonne zu wärmen, und bisweilen auch darauf zu schlafen pflegt. Die grössesten
dieser Thiere sind fünf bis acht Fuß lang. Ihr
Speck ist schön, und giebt den besten Tran. Die
Seehunde sind die gemeinsten Meerthiere in Grönland, und diejenige, welche am meisten zum Un-
terhalte der Grönländer, welche das Fleisch
dieses Fisches zu ihrer Speise gebrauchen, dienet.
Die Häute brauchen sie sowohl zu ihrer Kleidung,
als auch zur Bedeckung ihrer Fahrzeuge, und Hütten, und das Fett brennen sie in ihren Lampen,
womit sie, in Ermangelung andern Holzes, ihr
Essen kochen.

See-

## Seewunder in dem Grönländischen Meere.

Was die wundersame Fische, oder Meerwunder
betrifft, so thut Thormodor in seiner Geschichte
von Grönland, dreyer Gattungen, welche in
denen Grönländischen und Isländischen Meeren gesehen worden sind, (*) Erwähnung; es hat
sich

(*) Genannter Schriftsteller nennt das erstere dieser Seewunder Hav-Stramb, (Seemann) und legt ihm in der Beschreibung, welche er davon macht, einen Kopf, welcher in Ansehung des Gesichts, der Nase, und des Mundes, einem Men-
schenkopfe gleicht, oben aber erhaben und zugespitzt ist, bey.
Es hat breite Schultern, und gleichsam zwey stumpfe Aerme,
ohne Hände. Nach den Arm zu, sagt er, war der Leib dünn;
man konnte aber nicht bemerken, wie selbiger von der Mitte
an bis unten gestaltet gewesen. Das zweyte Ungeheuer, welches der Verfasser Margya, (Seeweib) nennt, hatte vom
Kopfe an, bis an die Mitte des Leibes, die Gestalt einer Weibs-
person; ein breites und abscheuliches Gesicht; eine zugespitzte
Stirn; runzlige Backen; schwarze niederhangende Haare, und
zwey dicke Weibsbrüste, woraus zu schliessen war, daß es weib-
lichen Geschlechts gewesen. Es hatte lange Aerme, an deren
Ende Finger, welche wie Gänsepfoten an einander hiengen,
befindlich waren. Von der Mitte des Leibes an bis unten,
war es wie ein Fisch gestaltet, und hatte einen Schwanz und
Flossen. Diese Seewunder wurden von denen Matrosen an
einem vor einen grossen Sturm vorhergehenden Tage gesehen.
Das dritte Ungeheuer, welches Haugusa genannt wird, und
das wundersamste ist, hat von dem Verfasser nicht gehörig beschrieben werden können, weil die Länge und Dicke seiner Gestalt unermeßlich gewesen, und es nach Aussage dererjenigen,
welche es gesehen, mehr mit einem ganzen Lande, als mit
einem Fische, oder Seethiere, zu vergleichen war. Da man
nicht mehr als eins oder zwey dergleichen gesehen, so schließt
man daraus, daß es sich nicht durch die Begattung vermehren
müsse: denn, wann es sich vermehrete, würden in gar kurzer
Zeit weder Fische, noch andere Thiere, in dem Meere mehr
vorhanden seyn, wegen der ungeheuren Grösse seines Körpers,
und der Menge der Nahrung, die es vonnöthen hätte. Wann
es hungrig ist, läßt es einen Speichel auf dem Wasser von
sich, welcher sehr unangenehm riecht, und die ganze Oberfläche

sich aber kein einiges dererselben zu unserer Zeit sehen lassen; ausser ein gewisses abscheuliches See-
thier,

---

des Meeres bedeckt. Die Wallfische, andere grosse Seethiere,
und Fische, welche diesem Speichel nachgehen, fahren in den
Rachen dieses grausamen und entsetzlichen Thieres, wie in einen Abgrund des Meeres, oder in das Meer selbst, hinein,
bis sein Bauch voll, und das Thier gesättiget ist; worauf es
alsdenn seinen Rachen wieder zuschließt, und diese ungeheure
Sammlung von Thieren und Fischen bey sich behält. Es hat
hernach auf ein ganzes Jahr daran zu verdauen, und zu zehren; denn es soll, wie man sagt, nur einmahl im Jahre fressen. Unerachtet dieses ein Mährlein, und eine lächerliche Geschichte ist; so stimmt es dennoch mit demjenigen, was meine
Landsleute, die Nordländischen Fischer, von einem gewissen
überaus grossen und entsetzlichen See-Ungeheuer erzählen, welches sich in ihren Meeren finden soll, woselbst es sich bisweilen
sehen läßt, welches sie Kracken nennen, und ohne Zweifel
einerley Thier mit dem Haugufa derer Isländer ist, überein.
Die Grösse desselben soll sich auf einige Meilen erstrecken;
und es soll sich vornehmlich nur bey stillem Wetter sehen lassen. Alsdann kömmt es über dem Wasser hervor, und scheint
mehrere Köpfe und Klauen zu haben. Es packt mit seinen
langen und gräulichen Klauen, alles, was ihm in den Weg
kömmt, als Fahrzeuge, Fischer, Thiere, und Fische, zusammen,
und nimmt es mit sich in den Grund der See hinab. Man
erzählt ferner, daß sich die Fische auf diesem grossen Thiere,
wie auf einer andern Sandbanck der See, wo der Fischfang
angestellet wird, versammlen sollen, so, daß einige hundert Fi-
scherkähne sich oben aufhalten, und fischen können, ohne daran
zu denken, daß unter ihnen ein dergleichen Ungeheur befindlich
sey. Dieses nun werden sie nicht eher gewahr, als wann sich
ihre Leinen, oder Wurfpfeile (Harpunen) an ihm anhängen
können: alsdann hebt es sich über das Wasser in die Höhe,
verschlingt sie angezeigtermassen insgesammt, und nimmt sie
mit sich in den Grund; wofern sie sich nicht bey Zeiten davor in
Acht nehmen, und ihrem Untergange vorbeugen: als welches
sie dadurch bewerkstelligen können, wenn sie des Thieres Nahmen aussprechen, worauf es sich sogleich nach und nach wieder untertaucht.

Endlich hat man auch eine Erzählung von noch einem andern Ungeheur, der Seehexe, oder dem Meergespenst, Drauen
genannt, welches von keiner beständigen Gestalt ist, oder so, daß
man

thier, welches im Jahre 1734, der Colonie gegen
über, unter dem 64sten Grade wahrgenommen
worden, und folgendermaſſen geſtaltet geweſen: Es
war ein Thier von ſo ausnehmender Gröſſe, daß
ſein Kopf, wann es ſich auf dem Waſſer zeigete,
bis an den Maſtkorb des Schiffes in die Höhe
gieng. Sein Körper war eben ſo dick, als das
Schiff, und drey bis viermahl ſo lang. Es hatte
eine lange und ſpitzige Naſe, und bließ, wie ein
Wallfiſch. Es war mit langen und breiten Floſſen verſehen. Sein Körper ſahe wie mit Schup-
pen bedeckt, und ſehr runzlich aus, mit Ungleich-
heiten auf der Haut. Uebrigens war es an dem

H Ende

man es beſchreiben könnte, dieweil es ſich bald in dieſer, bald
wieder in einer andern Stellung zeigt. Wann ſich etwa ein
Unglück, oder ein Schaden auf der See ereignet, hört man
es öfters auf eine gräßliche und unangenehme Art brüllen;
und bisweilen ſollte man es gar für eine Menſchenſtimme halten. Gemeiniglich hält es ſich des Nachts in denen Fahrzeugen der Fiſcher, unterdeſſen daß ſelbige ſchlafen, auf; wirft daſelbſt alles unter einander, und läßt einen üblen Geruch überall nach ſich. Dieſes treiben ſie ſo lange, bis die Fiſcher den
Morgen darauf wiederkommen, und ſich auf die See begeben.
Die Fiſcher wollen durchaus nicht, daß dieſes ein Mährlein
ſey; ſondern ſie geben es für eine würkliche Wahrheit aus.
Allein, dieſe abergläubiſchen Leute mögten uns wohl gern noch
etwas mehreres weiß machen; nehmlich: daß ſie beym Fiſchen
bisweilen ein Geſpenſt, welches einem Windelkinde gleiche, mit
ihren Angeln aus der See herauf gezogen. Sie nennen ſelbiges Marmelen; und erzählen, daß es eine Menſchenſtimme
habe; daß ſie es mit nach Hauſe genommen, und in ihr Nöſt,
das heißt, in das Haus, wo ſie ihre Fahrzeuge hinbringen, geleget. Sie ſagen ferner, daß ſie den Morgen darauf, als ſie
wieder auf die See gegangen, das Geſpenſt wieder mit zurück
genommen, und vorher, ehe ſie es wieder auf das Waſſer geſetzet, über alles, was ſie gern wiſſen mögten, befraget, und
ſodenn, nachdem es ihnen hinlängliche Antworten ertheilet,
wieder in Freyheit geſetzet, und es laufen gelaſſen hätten.

Ende wie ein Wurm geſtaltet.  Wann es ſich un-
tertauchte, legte es auf dem Waſſer den Bauch nach
oben; und hob ſeinen Schwanz dermaſſen in die
Höhe, daß das Ende, ſo lang wie das Schiff, von
ſeinem Leibe abgeſtanden.

### Andere Fiſche.  Hayen. (¹²)

Unter denen eigentlich ſogenannten Fiſchen, welche ſich in denen Grönländiſchen Meeren finden,
verdienen den erſten Platz die Hayen, deren Fleiſch
dem Fleiſche der Helle-Flynders gleichkömmt;
dieſerhalb ſchneidet man es auch in lange Streifen,
welche man aufhängt, und in der Sonne und im
Winde trocken werden läßt.  Man ſpeiſet ſie in
Nordland; die Grönländer hingegen machen
eben nicht viel daraus, weil es ein weit gröberes
Gericht, als die Helle-Flynders iſt.  Dieſer
Fiſch hat zwey Floſſen auf dem Rücken, und ſechs
unten; von denen die beyden erſtern, welche wie
eine Zunge geſtaltet, die längſten ſind: Die beyden
mittelſten ſind etwas breiter, als die nach dem
Schwanze zu.  Die beyden letztern ſind vorn und
hinten gleich breit, und etwas kürzer, als die mittelſten.  Sein Schwanz gleicht dem Schwanze
des Schwerdfiſches.  Der Körper dieſes Fiſches
iſt lang, rund, und dünn.  An der Seite des
Kopfes iſt er am dickſten.  Man findet daran keinen einzigen Knochen, ſondern bloß Flechſen. Seine Naſe iſt lang, und ſein Rachen unterwärts,
wie

(¹²) Nachricht vom Hayfiſch, ſt. in: 67. St. des 3. Th.
der geſellſchaftlichen Erzählungen, Hamb. 1754, 8. S. 236-
239. Anm. d. Ueb.

wie bey dem Schwerdfische. Er ist mit spitzigen
Zähnen besetzt, wovon drey Reihen oben, und drey
unten, einander gegen über, stehen. Seine Haut
ist hart anzufühlen, und von grauer Farbe. Er
wächst zu einer Länge von zwey bis drey Klafftern.
Seine Leber ist ungemein groß, und es wird aus
selbiger der Tran verfertiget. Aus einer derer grö-
ßen, welche man Brugden nennet, kann man an
die zwey bis drey Fässer Tran heraus bekommen.
Es ist dieses ein gieriger Fisch. Er beißt den
Wallfisch, und reißt grosse Stücke aus ihm heraus. Er ist auch nach Menschenfleische lüstern.
Man kann ihn mit keinen hänfenen Stricken fangen, weil er selbige mit seinen spitzigen und schnei-
denden Zähnen durchbeißt; sondern man bedient
sich dazu eiserner Ketten; und die größten unter
ihnen werden, wie die Wallfische, mit Wurfpfeilen
geschoffen.

übrige Fische in denen Grönländischen Meeren.

Die andern Fische, welche das Grönländische
Meer hervorbringt, sind die Helle-Flynders, die
Torske, oder Stockfische, die Rothfische, kleine
Lachse, welche Strandörter genannt werden,
und ungemein schön und fett sind. Die wahre
Gattung derer grossen Lachse, wird nur in sehr
wenigen Gegenden des Landes gefunden. Was
die kleinere Gattung anlanget, so trifft man sie in
Menge in allen Tiefen und Buchten, wohin sich
etwa ein Strom ergießt, an. Die Ulker sind ein
Alltags-Gericht derer Grönländer; dergestalt,
daß, wenn es ihnen an denen andern Lebensmit-

H 2 teln

teln gebricht, ſie ſich hieran halter
finden ſelbige in hinlänglicher M
Winter, als Sommer. Im Fr
Aprilmonathe, hat man einen ge
nichts Hogn-kaller, oder Stein
dem Maimonathe einen andern k
de, oder Stint genannt, eine Ar
Alle Tiefen und Buchten ſind vol
den Gattungen Fiſche. Die H
linger finden ſich ebenfalls in z
daſelbſt. Man ſieht weder Sej
noch Häringe. Nach Süden
Häringe in Ueberfluß an. Doch
daß ich einige von dieſer letztern
habe. Es giebt auſſerdem auch,
gegen Süden, eine Art von Fiſ
ich, noch einer von meinen Leuten
einem Orte geſehen haben. Er g
braſſe; hat aber ſcharfe Spitzen,
der ganzen Haut, nebſt einem di
Man findet deren groſſe und klein
länder verſichern, daß dieſer Fiſ
aus guten Geſchmack ſey.

### Schalfiſche.

Die Muſcheln ſind die vornek
Schalfiſchen. Man findet deren
Menge. Sie ſind ungemein g
eſſen. An einigen Fiſchreichen
groſſe Muſcheln, gleich denenjenic
len in Norwegen hervor br
Man trifft auch Perlen darin an
klein, und nicht gröſſer, als ein

Was die andern Meer-Insekten betrifft, als die Kåtzer, die Seekrebse, u. dgl. so werde ich nichts besonders davon anführen, ungeachtet es deren eine ziemliche Menge allda giebt. Zummern aber, Flußkrebse, und Austern, trifft man nicht daselbst an. Nach dem Berichte derer Grönländer, und nach der Beschreibung die sie machen, muß es daselbst nach Süden zu, Schildkröten geben, denn sie erzählen, daß selbige mit einer dicken Schale bedeckt seyn; daß sie Pfoten, nebst einem kleinen Schwanze, und Eyer, wie die Vögel, haben. Sie ziehen bisweilen dergleichen aus der See mit ihren Netzen heraus.

Verschiedene See-Vögel. Der Eidervogel. (¹³)

Nachdem ich die Fische beschrieben habe, muß ich nunmehro auch der Vögel, welche auf denen Grönländischen Meeren schwimmen, und sich darin aufhalten, gedenken. Der Eidervogel, und die Enten sind die häufigsten, und gleichsam die vornehmsten. Erstere finden sich daselbst in so grosser Menge, daß sie zu gewissen Zeiten das ganze Meer bedecken, man möge sich hinwenden, wo man wolle; und wenn sie ihren Flug nehmen, kann man kein Ende davon absehen. Des Winters vornehmlich fliegen sie alle Abend und Morgen zu Tausenden über die Colonie hinweg; denn des Abends begeben sie sich nach die Meerbusen, und des Morgens kommen

H 3                                    sie

(¹³) S. die natürliche Historie des Eider-Vogels, beschrieben von Morten Thrane Brünniche, aus dem Dänischen übersetzt. Kopenh. 1763, 8vo. 5 B. nebst 3 Kupfertafeln. Anm. d. Ueb.

ſie wieder nach der See zurück. Sie fliegen ſo
dicht an dem Lande, daß man ſie ſchieſſen kann,
wie man will. Im Frühjahre begeben ſie ſich tiefer in das Meer hinein, um daſelbſt ihre Eyer auf
denen Inſeln zu legen, und ihre Jungen aufzuzie-
hen. Dieſes geſchieht in dem Brach- und Heu-
Monathe. Während ſolcher Zeit lauren die Grönländer daſelbſt auf ſie. Sie nehmen alle Eyer,
und alle Jungen von dieſen Vögeln, die ſie nur
finden können, hinweg. Um die Eider = Dunen
bekümmern ſie ſich nicht; ſondern laſſen ſelbige in
denen Neſtern zurück.

### Drey Gattungen von Enten.

Es giebt dreyerley Gattungen von Enten. Die
erſte iſt von der breitgeſchnäbelten Art, hat eine
vollkommene Aehnlichkeit mit unſern Land = Enten,
und iſt mit ſchönen bunten Federn verſehen. Sie
legen ihre Brut eben ſo wie die **Eider=Vögel,**
auf denen Inſeln. Die zweyte Art iſt kleiner, und
hat einen langen ſpitzigen Schnabel. Letztere halten ſich gemeiniglich in denen Meerbuſen auf, woſelbſt ſie ſüſſes Waſſer antreffen. Sie legen ihre
Eyer zwiſchen dem Rohr, und erziehen daſelbſt ihre
Jungen. Die dritte Gattung wird **Stock=Aen-**
**der, (Stock=Ente)** genannt, und kömmt der
erſtern bey, iſt aber etwas gröſſer. Die Federn
an dem Kropfe ſind ſchwarz, und die übrigen grau-
licht Letztere werden nicht durch eine Begattung
zwiſchen Männgen und Weibgen, wie die andern
Vögel, erzeuget; ſondern ſie entſtehen, auf eine
gar ſeltſame Art, aus einer ſchleimigen Materie
auf dem Meere, welche ſich an alte Stücke Holz,

die seit langer Zeit auf dem Waſſer herum treiben, anſetzt; auf ſelbigen erzeugt ſich zuerſt eine Art von Muſchel oder Schale, ($^{14}$) und nachher ein kleiner Wurm, welcher mit der Zeit die Geſtalt eines Vogels annimmt, und aus der Schale, eben ſo, wie die andere junge Vögel aus dem Ey, hervor bricht. (*)

H 4　　　Groſſe

(14) Von Schaalthieren, Conchæ anatiferæ, Entenmuſcheln, und beyläufig von Pholaden, oder Steinmuſcheln; von Jakob Theodor Klein, u. im 2. Th. der Verſuche und Abhandlungen der Naturforſchenden Geſellſchafft in Danzig, 1754, 4. No. 15. S. 349 - 354. Anm. d. Ueb.

(*) Dieſer Umſtand, den ſehr viele zuverläſige Schriftſteller berichten, und für wahr ausgeben, iſt indeſſen doch von einigen ſcharfſinnigen Perſonen, als eine fabelhafte Erzehlung, oder ein Mährlein, angeſehen worden; dieweil eine dergleichen Erzeugung wider die Ordnung der Natur zu laufen ſcheint. Andere haben, aus Hochachtung vor eine ſo groſſe Anzahl wahrhaftiger Schriftſteller, unter denen ſich einige befinden, welche dieſe erſtaunliche Erzeugung ſelbſt geſehen und beobachtet zu haben, bezeugen, ſich viel Mühe gegeben, den Grund davon zu entdecken. Zu ſolchen kann man den Vater Kircher, jenen ſcharfſinnigen Philoſoph, rechnen, welcher bey Gelegenheit deſſen, da er in ſeiner unterirrdiſchen Welt von dieſer Materie handelt, ſchreibt: Daß der Saame eines ſo auſſerordentlichen Geſchöpfes, weder in dem alten Holze, welches auf dem Meere herum getrieben wird, noch in der Muſchel, oder Schale, befindlich ſeyn könne, weil das Holz unmöglich von ſelbſt ein vollkommenes Thier hervor bringen kann, als welches die Kräffte der Natur überſteigen würde: noch weniger kann ſelbiger in der ſchleimigen Materie, oder dem Meerſchaum, wann ſich ſelbiger auch würklich an das verfaulte Holz anſetzete, und in der Schale, oder Muſchel bliebe, anzutreffen ſeyn. Frägt man: wo ſollte denn nun eine ſo ſeltſame Frucht herkommen? oder, woher ſollte denn nun ein ſolcher Vogel entſtehen können? ſo dient darauf folgendes zur Antwort: Man kann annehmen, daß, wie man aus denen Reiſe-Berichten der Holländer nach Norden, erſehen, daß ſich dieſe Art von Vogel vornehmlich in Norden aufhalte, daß er ſeine Eyer auf dem Eiſe lege, und daß dieſe Eyer, wann das Eis von der Sonnen-

## Grosse und kleine Alker.

Es giebt eine Art von Vogel, welche die Nor=
weger Alker nennen, und die Grönländer zu
ihrer vornehmsten Nahrung im Winter gebrauchen.
In

---

nenhitze schmilzt, zerbrochen werden; alsdann ereignet es sich
mit dieser ungeheuren Menge von zerbrochenen, und durch die
Wellen hin und her getriebenen Eyern, wann der in diesen
Eyern enthaltene Saame einen Gegenstand findet, welcher ihm,
in Ansehung einer solchen Einrichtung der Lufft und des Lan=
des, oder Beschaffenheit des Meeres, wobey dieser Saame so=
wohl aus= als inwendig geheget, und warm gehalten werden
kann, an statt einer Gebährmutter diene, daß endlich mit der
Zeit ein vollkommener Wurm heraus kömmt. Dieses ist die
Meynung des guten und scharfsinnigen Vater Kircher. Unter=
suchen wir aber seinen Schluß mit Aufmerksamkeit, so werden
wir ihn nicht allein grundfalsch, sondern auch lächerlich befin=
den. Zuvörderst ist es schlechterdings grundfalsch, daß die Vö=
gel ihre Eyer gerade auf das Eis legen: wohl aber auf denen
Inseln, und Halbinseln, welche rings herum mit Eise umgeben
seyn können; dergestalt, daß, wann das Eis schmilzt, oder in
Stücke bricht, und sich von denen Inseln wegbegiebt, die Eyer
an ihrem Orte liegen bleiben, ohne beschädiget zu werden;
und auf diese Art haben sie die Holländer nach Nova Zem=
bla zu, im Jahre 1569 angetroffen: denn man findet ihrer
eine grosse Menge in Norwegen, Joland, und Grönland;
und dieses sind die Enten, deren ich oben Erwähnung gethan
habe. Diejenige aber, von denen gegenwärtig die Rede ist,
werden in Norwegen Gield=Aender (15) genennet, weil sie sich
nicht begatten, und weder Eyer, noch Jungen, wie die andern
hervor bringen. Zweytens ist es gar lächerlich, und selbst un=
möglich, daß der in denen Eyern enthaltene Saame, noch
alsdann, wann sie zerbrochen, und durch die Wellen hin und
her getrieben worden sind, genug Krafft zur Bildung eines
Vogels behalten sollte. Folglich ist also hieraus zu schliessen,
daß entweder die Nachrichten falsch seyn, oder diese Zeugung
der Ordnung der Natur widerspreche. In Ansehung des er=
stern dieser Punkte, könnte man sagen, daß ehrliche Leute, wel=
che diesen Umstand bekannt gemacht, durch die falschen Be=
richte

---

(15) Gield=Jugl, Gield=Ann, werden in Norwegen die Vögel
genennet, die keinen Gatten haben, oder, nach anderer Mey=
nung, diejenigen, welche keine Jungen ausbrüten. Anm. d. U.

In gewissen Wintern lassen sie sich dermassen häufig sehen, daß sie die Grönländer Haufenweise
nach dem Lande zu jagen, und daselbst mit der

H 5 Hand

---

richte gemeiner Leute hintergangen wären, wann nicht einige
unter ihnen bezeugeten, daß sie es selbst gesehen und bemerkt
hätten. Wozu noch dieser Umstand hinzu kömmt, daß neuere
Erfahrungen die Sache bekräftiget haben; denn es ist etwas
überall in Nordland bekanntes, und an dessen Wahrheit man
im geringsten nicht zweifelt. Was mich betrifft, so gestehe ich,
daß ich es weder gesehen, noch bemerkt habe; es haben mir
aber viele glaubwürdige alte Leute, und Fischer aus Nordland, woselbst ich gebohren bin, umständlich erzählet, daß sie
selbst in der See dergleichen altes hin und her getriebenes
Holz angetroffen, auf dem sie kleine sowohl völlig gebildete,
als auch noch unvollkommene Vögel gefunden hätten, so, daß
sich an dieser Wahrheit nichts weniger als zweifeln liesse. Es
folgt also daraus natürlich und nothwendig, daß diese Arten
von Vögeln aus keinem andern Saamen, als aus dieser schlei-
migen Materie der See erzeuget seyn, welche angezeigtermassen sich an das Holz ansetzt, und zuerst eine Muschel, und
nachher in dieser Muschel einen kleinen Wurm, welcher sich
mit der Zeit in einen Vogel verwandelt, hervorbringt. Ohnerachtet dieses Werk der Ordnung der Natur, oder dem gewöhnlichen Laufe, welchen sie bey der Bildung anderer Vögel
beobachtet, entgegen zu seyn scheinet, so sieht man dennoch
das Meer seltsame Dinge, und sogar lebendige Thiere hervor
bringen, von denen man nicht gerade sagen kann, daß sie gleich
vom Anfange der Schöpfung vorhanden gewesen, sondern in
Krafft des ersten Seegens, den Gott darauf geleget. Es ist
selbiges noch gegenwärtig im Stande, ausserordentliche Dinge
hervor zu bringen, als: verschiedene Meer-Insekten, Seekrebse, Korstrold, Sneder, Sö-lims, u. d. gl. so, daß das Meer,
oder das Wasser mit Rechte der Vater und die Mutter der
Dinge genannt werden kann. Die Natur nimmt allerhand
Spiele vor, und läßt uns ausserordentliche Werke sehen. Wann
sie etwas zu einem gewissen Werke geschicktes antrifft, so läßt
sie es sogleich an Oertern und Gegenständen, wo man es am
wenigsten vermuthet hätte, hervorkommen. Solchergestalt sehen
wir verschiedene Insekten sich aus dem Miste und Kothe derer
Thiere bilden; worunter einige ihre Gestalt verändern; so, daß
aus einem kleinen Wurme fliegende Insekten, als die Fliegen,
Skarnbasser, die sogenannte Sommervögel, oder Zweyfalter,
und verschiedene andere entstehen.

Hand fangen. Dieser Vogel ist ohngefähr so groß
wie eine Ente; aber nicht so gut zu essen, weil
er mehr nach Oel, als die andern, riecht. Man
sieht auch noch eine andere Gattung dergleichen,
welche man kleine Alker nennt. Sie sind ziemlich häufig, und von einem bessern Geschmacke,
als die grossen. Es giebt auch noch einen kleinen
Vogel, welchen die Grönländer Tornoviar-
suk nennen, welcher wegen der Schönheit seiner
Federn nicht mit Stillschweigen übergangen werden
muß. Sie sind von der Grösse und Gestalt einer
Lerche, oder dergleichen Vogels.

### Die wilde Gänse.

Die wilde, oder graue Gänse halten sich mehrentheils in der nordlichen Gegend von Grönland
auf. Sie sind wie andere Gänse gestaltet; aber
kleiner, und haben graue Federn. Dieser Vogel
kömmt von andern Ländern, alle Jahre zur Früh-
lingszeit, mit schnellen Fluge, und begiebt sich nach
Norden, allwo er seine Eyer legt, und seine Jungen aufzieht; und wenn selbige groß sind, und
fliegen können, (flück sind) kehren sie insgesamt
nach die südlichen Länder, wo es nicht so kalt ist,
zurück, und bleiben den Winter über daselbst.

### Verschiedene Gattungen von Maager.

Endlich muß ich, um mich kurz zu fassen, noch
anführen, daß ich in Grönland, alle Arten von
Seevögeln, welche man in Nordland antrift,
gesehen habe: als, alle Arten von grossen und kleinen Maager, deren einige ihr Nest auf denen
höchsten und steilesten Felsen anlegen. Die andern
thun

thun dieses auf denen Inseln, oder Halbinseln, als: der Terner, und andere dergleichen Vögel, deren Eyer man zu Tausenden zwischen denen Steinen findet.

### Andere Seevögel.

Die Lomme, und die Lunder, welche die Seeleute Grönländische Papegayen nennen, sind vortrefliche Vögel. Sie haben einen schönen breiten und buntscheckigten Schnabel. Die Havemmer sind überaus grosse Vögel, welche dermassen kleine Flügel haben, daß sie nicht fliegen können. Die Skarver, Teister, Angletasker, Schnepper, oder Schnäpel, und verschiedene andere zu beschreiben, würde zu weitläuftig werden, und ich weiß sie auch nicht einmahl alle zu nennen.

# Das siebente Capitel.

## Von denen Beschäftigungen derer Grönländer, ihrer Art sich zu ernähren, ihren Zubereitungen dazu, und ihrem Hausrathe.

So wie ein jedes Volk gewisse besondere Gebräuche, und nach seiner angebohrnen Eigenschaft, seinem Einfall, und der Beschaffenheit der Landesgegend, welche sie bewohnen, verschiedene Handthierungen und Lebensarten hat, so haben auch die Grönländer gleichfalls die ihrigen. Wann uns ihre Manieren zum Theil närrisch,

und

und unanständig vorkommen, so sind sie doch im
Grunde anständig, und schicklich genug, daß wir
sie ansehen können, ohne ihnen zu widersprechen.
Ihre Beschäftigungen bestehen vornehmlich auf
dem Lande in der Jagd der Rennthiere; und auf
der See, im Fangen und Schiessen der Wallfische,
Seehunde, und anderer Seethiere, desgleichen derer Vögel, und Fische.

### Bogen und Pfeile, deren sie sich auf dem Lande bedienen.

Es ist oben in dem fünften Capitel gezeiget
worden, auf was für Art die Grönländer die
Rennthiere jagen, und wie sie selbige schiessen.
Ich werde also gegenwärtig nur noch dieses hinzu
fügen, daß ihre Bogen und Pfeile beynahe eine
Aehnlichkeit mit denenjenigen, deren man sich
anderwärts bedienet, haben. Ihr Bogen ist eine
gute Klafter lang, von Maßholderbaum, oder
Tannenholze, welches in Norwegen Tenal genannt
wird. Damit er desto stärcker sey, legen sie auf
den Rücken eine Darmsaite, in verschiedenen Reihen, dicht neben einander, und umwickeln selbige
mit einer starken, aus Seehundfelle gemachten,
Schnur, welche den Pfeil mit Nachdruck wegstos-
sen soll. Das Ende dieses Pfeils ist mit einem
Eisen, oder Knochen mit einem oder mehrern Hacken, versehen, damit selbiger, wenn er das Thier
durchbohrt hat, nicht wieder heraus falle. Die
Pfeile zum Vogelschiessen, sind an dem Ende mit
zwey oder drey abgespitzten Knochen versehen, welche
den Vogel tödten können, ohne das Fleisch zu be-
schädigen.

Zur

Zur See bedienen sie sich einer Art von
Wurfspieß.

Die Grönländer schießen die Seevögel nicht
mit Bogen und Pfeilen, dergleichen sie sich zu Lande
bedienen; sondern sie brauchen dazu Arten von
Wurfspiessen, mit einem Knochen, oder Eisen am
Ende. Selbigen schiessen sie mit der Hand; und
sie treffen in einer ziemlichen Entfernung den Gegenstand so richtig, als wir mit der Flinte oder
Büchse jemahls thun können. Ihre gröste Beschäftigungen werden auf der See vorgenommen;
und hierin übertreffen sie uns; denn, sie fangen
und schiessen die Wallfische, die grosse Seehunde,
und übrige Seethiere, mit einer ausserordentlichen
Geschicklichkeit.

Auf was für Art sie sich auf den Wallfischfang
zubereiten.

Zum Wallfischfang nehmen sie vor allen Dingen ihre beste Kleidung, als wenn sie zu einer
Hochzeit gehen wollten: denn, sonst würde der
Wallfisch vor sie fliehen, weil er die Unsauberkeit
nicht leiden kann. Dieser Fischfang nun wird folgendergestalt vorgenommen. Funfzig Personen,
mehr oder weniger, sowohl Manns- als Frauens-
Personen, und Kinder, begeben sich zu Schiffe in
ein grosses Konebaad, wo die Weiber Nehnadeln und Zwirn mit sich nehmen, um die Spring-
Riortle, welches Kleidungen sind, deren sich die
Mannspersonen zur See bedienen, zuzunehen und
auszuflicken, wenn Löcher darein gekommen, oder
das Fahrzeug, wofern es beschädiget seyn sollte,
auszubessern. Die Pflicht der Mannspersonen besteht

steht darin, den Wallfisch aufzusuchen; und wann
sie sich in der Nähe von einem befinden, schiessen
sie nach ihn, und werfen ihm den Harpuhn in den
Leib, welcher vest an ein Seil, welches zwey bis
drey Klafter in der Länge hat, und aus Seehundsfelle besteht, beveftigt ist. An dem Ende
dieses Seils ist ein ganzes Seehundsfell angemacht,
welches wie eine Blase genehet, und mit Wind
angefüllt ist, damit sich der Wollfisch, wann er
von dem Harpuhn getroffen worden, in seinem
Laufe ermüden und erschöpfen möge, dieweil die
Blase hintert, daß er sich nicht lange unter dem
Wasser halten kann. Wann er völlig ermüdet ist,
zeigt er sich dem Fischer abermahls, welcher ihn
sodann mit seiner Lanze durchbohrt, und ihm solchergestalt den Todesstich beybringet. Sobald er
todt ist, nehmen die in dem Fahrzeuge befindliche
Mannspersonen ihr Spring=Riortle, welches
aus zubereiteten Seehundfelle verfertiget ist, und
nebst denen Schuhen, und der Mütze aus einem
einzigen Stücke besteht. Dieses ist insgesamt ganz
dicht an einander genehet, und schließt dermassen,
daß kein einziger Tropfen Wasser durchkommen
kann. Wann sie also dieses Kleid anhaben, springen sie in das Meer, und fangen rings herum,
auch sogar unter dem Wasser den Speck des Wallfisches zu schneiden (flensen) an; denn mit der
Kleidung, die sie haben, könnten sie sich nicht un-
tertauchen, weil selbige, wegen der Bewegung,
die sie sich machen, beständig voll Luft ist. Auf
dem Wallfische können sie sich, wie Seehunde,
halten. Einige sind gar so dreist, daß sie zu der
Zeit,

Zeit, wenn er noch Athem hohlt, sich auf seinen
Rücken begeben, um ihn zu tödten, und sein
Speck und Fleisch aufzuschneiden.

Auf was für Art sie die Seehunde fangen.

Denen Seehunden gehen sie beynahe auf eben
die Art, wie sie beym Angrif des Wallfisches ver-
fahren, zu Leibe; nehmlich mit einem kleinen
Harpuhn, welcher ein Seil, oder eine Leine von
Seehunds-Felle hat, welche sechs bis sieben Klafter lang, und an eine Blase, die aus der Haut
eines kleinen Seehundes verfertigt, und mit
Wind angefüllet ist, befestiget ist, damit der
Seehund, wenn er von dem Harpuhn getroffen
worden, nicht sehr weit unter dem Wasser fort,
und ihnen verlohren gehe. Nach Norden wo
das Meer den ganzen Winter über mit Eise
bedeckt ist, fangen die Grönländer die Seehunde auf folgende Art: Wenn sie auf dem Eise
eins von denen Löchern, welches die Seehunde
selbst mit ihren Klauen machen, um dadurch Luft
zu hohlen, und welches nicht grösser als ein Lü-
bischer Stüber, und öfters noch kleiner ist, auf-
gesucht haben, setzen sie sich neben dieses Loch auf
einen kleinen Sessel, welcher nur ein Bein hat,
und besonders dazu gemacht ist, nebst einem
Fuß-Schemel mit drey Beinen, worauf sie ihre Füsse setzen, um sich vor der von dem Eise
entstehenden Kälte zu verwahren. Ehe sie sich
niedersetzen, kratzen sie allen Schnee, welcher sich
an ihren Stiefeln befindet ab, damit selbiger
kein Geräusch unter ihren Füssen mache, und
die Seehunde, wenn sie des Luftschöpfens wegen

an

an das Loch kommen, nicht verſcheuche. So bald
der Seehund ſeine Schnautze zum Loche hinaus
ſteckt, ſtechen ſie mit dem Harpuhn nach ihn, an
welchen eine Schnur, eine Klafter lang, welche
ſie in der andern Hand halten, angebunden iſt.
Wann ſie merken, daß er veſt ſteckt, kehren ſie
den Stock des Harpuhns um, an deſſen andern
Ende ein dickes und ſtarckes Bein iſt, womit
ſie das Loch ſo groß machen, daß das Thier
hindurch gezogen werden kan; und wenn ſie ſeinen Kopf aus dem Eiſe hervor haben, ſchlagen
ſie es mit der Fauſt, und geben ihm Maulſchel-
len, daß es ſogleich davon ſtirbt.

Es giebt noch eine dritte Art, die Seehunde
zu fangen, welches folgendergeſtalt geſchiehet:
Man gräbt ein groſſes Loch in dem Eiſe aus;
oder begiebt ſich im Frühjahre nach eins von den
Löchern, welche die Seehunde aufſuchen, und
durch welche ſie hervor kommen, um ſich, nach
ihrer Gewohnheit, auf das Eis zu legen, und
ſich zu ſonnen. Man legt ſich lang auf das
Geſicht neben einem ſolchen Loche auf eine lange, aber ſehr niedrige Banck nieder; und
nachdem man ein ander kleines Loch neben dem
groſſen gemacht, ſteckt man langſam eine groſſe,
ſechszehn bis zwanzig Ellen lange Stange, in
das Loch hinein, an deſſen Ende ein Harpuhn,
nebſt einem Seile, befindlich iſt. Alsdenn, wenn
ihrer zween ſind, wie gemeiniglich bey dieſer Art
von Fiſcherey zu ſeyn pflegt, ſteht der eine aufrecht, und hält die Stange ein wenig in der
Hand, da unterdeſſen der andere, welcher mit
dem

dem Gesichte nach unten gekehrt liegt, durch das Loch beobachtet, um sie zu lencken: und wenn er den Seehund ansichtig wird, giebt er es dem andern durch das Wort Kæ zu erkennen, worauf dieser die Stange alsofort niederstößt. Ist aber nur eine einzige Person dabey, so hält diese die Stange selbst, stößt sie nieder, und harpunirt, wenn der Seehund, welcher an das grosse Loch gekommen ist, darunter weg, und unter das kleine Loch geht.

Eine vierte Art ist folgende: Im Frühjahre, wenn die Seehunde auf dem Eise neben denen Löchern liegen, welche sie selbst machen, um dadurch hervor und nieder zu steigen, nehmen die Grönländer ihren Pelz von Seehunds-Felle, mit einer langen Stange in der Hand, und kriechen an selbigen, wie ein Seehund, heran. Sie bewegen den Kopf nach oben und unten, und brummen dabey und schnarchen, wie die Seehunde zu thun pflegen, so lange bis sie so nahe an ihn heran seyn, daß sie ihn mit ihrer Stange erreichen, und harpuniren können.

Die fünfte Art wird ebenfalls im Frühjahre vorgenommen, wenn die Ströme grosse Löcher in dem Eise machen. Die Seehunde begeben sich alsdenn Hauffenweise dahin; und die Grönländer, welche aufrecht an dem Rande des Loches stehen, nehmen den Zeitpunckt wahr; und sobald sich die Gelegenheit ereignet, schiessen sie ihren Harpun auf die Seehunde ab, und ziehen selbige auf das Eis nach sich.

I                    Es

Es giebt auch noch eine sechste Art, welche darin besteht: Wann das Eis vollkommen gleich und weiß ist, nehmen die Grönländer den Schwantz von einem Fuchse, oder Hunde, oder auch ein zottig Stück von einer Bären = Haut, welches sie unter ihre Füsse legen. Auf diese Art bleiben sie aufrecht stehen, und hören, ob sie ein Schnauben von Seehunden vernehmen können. Alsdenn nähern sie sich leise, und harpuniren ihn, so bald sie ihn erreichen können.

### Leinen zur Fischerey.

Zum Fischfange bedienen sich die Grönländer eiserner Angelhacken; und in Ermangelung derer haben sie beinerne Hacken, welche aus den Brust-Knochen des Vogels, welcher Alke heißt, verfertiget sind. Die Leinen oder Seile, womit sie fischen, bestehen aus dünnen und schmalen Binden von Wallfisch = Bärten, welche zusammen gebunden sind. Mit dergleichen Schnüren bringen sie hundert Fische herauf, unterdessen daß unsere Leute mit ihren hänfenen Angelschnüren nicht mehr als einen fangen. Zu denen Helleflyn ders hingegen, bedienen sie sich dieser Schnüre welche aus Seehunds = Felle verfertiget sind auch ebenfalls unserer hänfenen Schnüre.

### Auf was für Art die kleinen Lachse, oder Strandörter gefangen werden.

Die kleinen Lachse, oder Strandörter fangen sie folgendergestalt: Bey einem Wasserfalle das heißt, bey dem Eingange eines Stromes oder auch an einem andern Orte, den die Lachs

hin

inauf ziehen, macht man kleine Gehäge, oder
rrichtet Arten von steinernen Dämmen. Wenn
un das Meer zurück tritt, und der Lachs herein
u treten sucht, muß er über den Damm her-
ber, woselbst er so lange stehen bleiben muß,
is das Wasser wiederum zu fallen anfängt. Als-
enn sucht er wieder in das Meer zurück zu kom-
nen; allein die Grönländer, welche sich mit
jren kleinen Fahrzeugen auf der andern Seite
es Gehäges, oder Dammes befinden, verhintern,
aß er nicht darüber weg gehe, und zwingen ihn
aselbst zu bleiben. Endlich, wenn sich alles Was-
er zurück gezogen hat, und er sich im Trocknen
efindet, fängt man ihn mit denen Händen.
Wenn er sich aber in Löcher verbirget, durch-
icht man ihn mit einem gewissen besonders dazu
erfertigten Werckzeuge. Selbiges ist einer El-
e lang, und mit zwey spitzigen und eingekerbten
Beinen, oder aber mit einem oder zwey Hacken
n dem Ende versehen.

Rogn = Kaller, und Stein = Beisser.

Auf eben die Art fangen auch die Grönlän-
er, vermittelst eines Werckzeuges von Bein,
elches am Ende einer langen Stange befestiget
t, den Fisch, welchen sie Rogn = Kaller, we-
en der grossen Menge Rogens, oder Eyer die
e hat, nennen. Man nennet ihn auch Steen-
bider (Stein = Beisser), weil er sich auf den
Grund des Wassers hält, und sich auf den Sand
gt. Der Fang dieses Fisches ist dermassen häu-
g, daß man ihn frisch nur zum Theil verzehren
nn; daher läßt man ihn auf den Felsen dörren

J 2      und

und legt ſich einen Vorrath davon auf den W
ter zu.

### Lodder oder Stint.

Wenn der Fang des Rogen = Fiſches vorl
iſt, welches in dem Maymonath zu ſeyn pfleg
begeben ſich die Grönländer nach die Meerl
ſen, woſelbſt der Fang der Loddes, oder St
te vor ſich geht. Da das ganze Meer von t
gleichen Fiſchen angefüllet iſt, welche ſich Ha
fenweiſe nach der Küſte begeben, kann man
vermittelſt eines am Ende einer langen Sta
befeſtigten Aimers fangen. Man legt ſie [
nach auf denen Felſen auseinander, damit ſie
dörret werden, und hebt ſie zur Speiſe im W
ter auf. Auſſerdem iſt dieſer Fiſch ſehr ungeſ
und von einem unangenehmen Geſchmack, we
man ihn friſch ißt; und er giebt einen üb
Geruch von ſich; welches alles aber leidli
wenn man ihn hat ausdörren laſſen. Die Grö
länder ſpeiſen ihn mit friſchen Specke, o
wenn ſie ihn in Fiſch = Tran eingetunkt hab
Man kann überhaupt ſagen, daß ſie von al
Fiſchen, die ſie fangen, dasjenige, was ſie ni
eſſen, oder friſch verzehren, an der Sonne o
im Winde auf den Felſen dörren, und zur W
ter = Speiſe aufbehalten.

Die Grönländer haben zweyerley kleine Fa
zeuge; eins vor die Manns = und ein ande
vor die Frauens = Perſonen. Auf was fü
### Art die Fahrzeuge der Mannsperſonen
gebauet ſind.

Die Grönländer haben, zweyerley Gattun
kleiner Fahrzeuge, womit ſie ſich auf die C

)egeben, und ihre Nahrung, nebst andern zur
Nothdurft gehörigen Dingen, suchen: nehmlich
»ine Art von Kähnen, welche bloß vor Manns-
)erfonen bestimmt, eng und lang sind, und an
)eyden Enden, vorn und hinten, spitzig zu lauf-
:en. Selbige sind gemeiniglich drey Klafter lang
und höchstens nur drey viertel Ellen breit. In
)er Mitte hat man ein Loch angebracht, welches
vollkommen so groß ist, daß eine Mannsperson
)arein treten und sitzen kann. Inwendig sind sie
)urch Latten, oder Bretter, welche als kleine
Leisten geschnitten sind, mit einander vereinigt.
Auswendig sind sie mit zubereiteten Seehunds-
:ellen, von denen man die Haare herunter gebracht
)at, überzogen. In einem dergleichen Kahne kann
nur eine Mannsperson sitzen; und es ist selbige der=
massen gut darinn verwahret und bedeckt, daß nicht
das geringste Wasser zu ihr hinein dringen kann.
Es kann jemand mit einer unglaublichen Ge=
schwindigkeit mit dergleichen Kahne fortrudern,
und wohl zehn bis zwölff Meilen in einem Ta=
ge zurück legen, wobey er sich bloß eines Ruders
bedient, welches an beyden Enden breit, und einer guten Klafter lang ist. Die Grönländer
brauchen diese Fahrzeuge bloß alsdenn, wann sie
Seehunde fangen, und Seevögel schiessen wollen,
welche letztere sie ohne Mühe, und gleichsam im
Vorbeygehen, erlegen: anstatt, daß wir mit unsern Fahrzeugen kaum so nahe an sie heran kommen können, daß wir sie treffen könnten. Sie
fürchten sich nicht, mit diesen Kähnen, selbst bey
dem stärckstein Sturme, sich auf die See zu be-

J 3                                    geben;

geben; denn ſie fliegen, ſo zu ſagen, wie Vögel,
über die Meereswogen hinweg; und wann ſie ja
einmahl eine groſſe Welle umwerfen will, legen ſie
ſich auf die Seite, und laſſen die Welle über ſich
hinweg gehen, ohne befürchten zu dürfen, daß ſie
verſinken, oder um das Leben kommen werden.
Wann ſie ja von ohngefähr umgeworfen werden,
können ſie ſich ſogleich durch Beyhülfe ihres Ruders wieder aufrichten; ereignet es ſich aber, daß
ſie von der Welle unvermuthet überfallen werden,
als welches gar nichts auſſerordentliches iſt, und
ſie nicht recht gut und dicht verſehen ſind, ſo können ſie auch gar leicht in die gröſſeſte Gefahr gerathen, und ſelbſt das Leben darüber verlieren.

Umiak, oder Fahrzeuge derer Frauensperſonen;
und auf was für Art ſelbige verfertiget ſeyn.

Die zweyte Gattung von kleinen Fahrzeuge iſt
offen, wie ein Schiffsboot; (eine Chaloupe) und
einige darunter ſind an die 20 Ellen, oder 40
Fuß lang. Man nennt ſie Konebaader, weil
die Frauensperſonen darauf rudern müſſen. Man
ſieht es als einen Schimpf vor eine Mannsperſon
an, auf dergleichen Kähnen zu rudern, auſſer etwa
im Falle der Noth. Wann ſie auf den Wallfiſchfang gehen, ſitzen ſie, und geben genau auf den
Fiſch Achtung; jedoch pflegen ſie auch das Ruder,
deren ſie ſich auf ihren kleinen Fahrzeugen bedienen, zu gebrauchen; die Weibsperſonen aber rudern auf die gewöhnliche Art. Dieſe Kähne beſtehen inwendig aus einem kleinem Zimmerwerke, und
ſind mit dicken Seehundsfellen bedeckt. Sie bedienen ſich ſelbiger zur Ueberfahrt ihres Geräthes,
und

nd Wirthschaffts-Geschirres, ihrer Zelte, und an-
erer dergleichen Dinge, die sie an denjenigen Oer-
ern, wo sie hin zu reisen, und sich niederzulassen,
m ihre Nahrung daselbst zu suchen, willens sind,
aben wollen. Diese Kähne sind ausserdem auch
it einem Segel versehen, welches aus zusammen
enäheten Seehunds-Därmen verfertiget ist; und
omit sie ungemein geschwind fortkommen. Der
Rast steht an dem Vordertheil des Kahnes; und
eil das Seegel oben, neben der Raa (Seegel-
ange) breit, und unten schmal ist, so braucht man
azu weder Rollen, noch Boelinen, (womit das
Segel nach dem Wind angehalten wird,) noch an-
ere dergleichen Dinge; so, daß sie nicht anders,
ls unter dem Winde, nicht aber bey verkehrten
Winde, fortsegeln können. Es sind selbige unten
hr eng, und flach.

ie Mannspersonen geben sich zu Lande bloß
it der zu ihrer Nahrung gehörigen Arbeit ab;
alles übrige besorgen die Frauenspersonen.

Die Mannspersonen geben sich zu Lande mit
ichts, ausser mit der Arbeit und Zubereitung derer
ur Verschaffung ihrer Nahrung erforderlichen Din-
e, als Kähne, Bogen, Pfeile, und anderer der-
leichen Sachen, ab. Alles übrige, sogar auch das
ufbauen, und Ausbessern derer Häuser, müssen
ie Weibspersonen besorgen. So fleißig und ge-
hickt die Mannspersonen in ihren Beschäfftigungen
nd Arbeiten sind; eben so sind es die Weibsper-
onen in denen ihrigen, als: in Verfertigung der
leider, Schuhe, des Nehwerkes, und anderer
ergleichen Dinge; so, daß man die genaue Rich-
J 4                                    tigkeit,

tigkeit, und den Fleiß, mit welchem ſie ihre Werk
nach ihrer Art verrichten, nicht anders, als loben
und bewundern kann.

---

# Das achte Capitel.

## Von denen Landes-Einwohnern; denen Dertern, wo ſie ſich aufhalten, und ihren Wohnungen.

---

**Die Einwohner Grönlandes ſind Nachkommen von denen alten Schrellingern. Auch können ſid einige Norweger mit darunter befinden, und unter ihnen naturaliſirt ſeyn.**

Es iſt gewiß, daß die Völker, welche heut zi
Tage Grönland bewohnen, wenigſtens in
Anſehung des weſtlichen Theiles, die Nachkommer
von denen alten Wilden, welche urſprünglich in
dem Lande gewohnet, und Schrellinger genann
worden, ſeyn. Man kann aber auch einigermaſſen
wiewohl nicht mit ſo unumſtößlichen Beweiſen, be
haupten, daß viele Norweger unter ihnen ver
miſcht, und gleichſam unter die Zahl derer dortiger
Landes-Eingebohrnen aufgenommen (naturaliſiret
ſeyn. Man kann dieſes aus einigen Wörtern der
Norwegiſchen Sprache, welche unter dieſen Völ
kern annoch gebräuchlich ſind, und bey denen ſie eber
ſo ausgeſprochen werden, und dieſelbige Bedeutung
haben, ſchlieſſen. Es kann möglich ſeyn, daß, ohn
erachte

erachtet die Norwegische Colonien von denen
Wilden zu Grunde gerichtet worden, doch noch einige Norweger übrig geblieben, welche sich nachher mit ihnen vermischt, einerley Volk ausgemacht,
und ein und eben dieselbe Sprache gehabt haben
mögen. Die ganze Küste, und die Inseln sind
mit dergleichen Wilden besetzt; jedoch an einem
Orte mehr, als an dem andern. Nach Süden,
vornehmlich aber nach Norden, unter dem 58sten
und 69sten Grade, trifft man ungemein viele Menschen an. Vergleicht man indessen Grönland mit
andern Ländern, so kann es eben nicht für so sehr
bevölkert gehalten werden. Den Sommer über
bleibt kein Mensch, ausser etwa nur hier und da,
in dem Lande. Die Wilden begeben sich zu gewissen Zeiten auf die Reunthier-Jagd dahin. Das
Innere des Landes bis an die Gebirge, ist, wie
bereits oben erwähnet worden, mit Eis und Schnee,
welche niemahls schmelzen, bedeckt.

### Ihre Winter-Wohnungen.

Was ihre Häuser, oder Wohnungen betrifft, so
giebt es deren zweyerley Arten: eine, deren sie sich
im Winter bedienen, und eine andere, wo sie sich
des Sommers über aufhalten. Ihre Winterwoh-
nungen sind von Torf und Steinen errichtet. Sie
sind nur zwey bis drey Ellen hoch, und mit einem
ganz platten Dache. Fenster sind bloß auf der
einen Seite. Selbige sind mit Streifen von See-
hunds- und Helleflynders-Därmen, welche insgesamt gehörig zubereitet, und zusammen genähet
sind, zugemacht, welches eine Art von weissen und
durchsichtigen Glas- und Fensterwerke darstellet.

J 5                                    Die

### Die Betten und Camine derer Grönländer.

Auf einer andern Seite setzen sie ihre Schlaf-
oder Bettstellen hin, welche aus langen, einen Fuß
hoch von der Erde auf Balken liegenden Brettern
verfertiget sind. Seehunds = und Rennthier = Felle
dienen ihnen an statt des Bettes. Jede Familie
hat ihr Zimmer besonders, welches durch einen
Pfosten, wie in einem Pferdestalle, abgesondert ist.
Dieser Pfosten steht unmittelbar neben dem Bette;
und hält das Dach. Nach vornen ist gleichsam ein
kleiner Camin, welcher aber nichts anders, als eine
grosse, wie ein halber Mond verfertigte, und auf
einem drehbeinigten Klotze stehende Lampe ist. Ueber
selbige hängen sie ihre kleine Oefen von Kupfer,
Meßing, oder Weißstein, worinn sie ihr Essen kochen. Ueber der Lampe ist eine Art von Rost,
welcher aus kleinen Stücken Holz verfertiget ist,
und worauf sie ihre Kleider, wann sie selbige trocken werden lassen wollen, legen.

Der Vorschopf oder Eingang des Hauses ist niedrig, und so nahe an der Erde, daß man, so zu sagen, auf Händen und Füssen kriechen muß, wenn
man hinein will. Dieses ist darum, um sich desto
besser vor Kälte und Wind zu verwahren. Eine
andere Thüre zum Eingange in das Haus ist nicht
vorhanden. Die Wände behängen sie inwendig
mit alten Fellen, welche sie von ihren Kähnen abgenommen haben. Einige dieser Häuser sind dermaßen groß, daß 7 bis 8 Familien darin wohnen können.

Die Frauenspersonen sitzen gemeiniglich auf dem
Bettgestelle, oder der Bettlade. Sie arbeiten daselbst

selbst an Nähwerk, und andern dergleichen Dingen. Ihr Mann, welcher ebenfalls nebst seinen
Knaben auf demselbigen Bettgestelle sitzt, kehrt ihr
den Rücken zu. Längs der Mauer, unter denen
Fenstern befinden sich Bretter, oder Bänke, auf
welchen die andern Menschen sitzen.

**Art und Weise, wie sie das Feuer in ihren Lam-
pen anmachen.**

Es ist etwas anmerkungswürdiges, daß, obgleich
zehn und bisweilen sogar an zwanzig Lampen vorhanden seyn, worin man in diesen Arten von Häusern Robbentran brennt, doch kaum der geringste
Dampf oder Rauch daselbst verspüret werde, und zwar
wegen der besondern Art, wie sie das Feuer in
ihren Lampen zurecht machen, und welche darinn
besteht, daß sie getrockneten Moos nehmen, selbigen
sehr fein zerstossen, und eine sehr dünne Schicht
davon auf die eine Seite der Lampe legen, welches
sie sodenn anstecken. Es brennt selbige, so lange
Moos darinnen ist, und giebt nicht den geringsten
Rauch, wann der Moos nur nicht zu stark gebrannt
hat, welches sie durch ein Stöckgen zu verhüten
suchen, womit sie den Moos an die Seite der Lampe hin ziehen; und dadurch verhintern, daß die
Flamme nicht zu hoch werde. Diese Lampen geben
indessen noch immer Hitze genug von sich; denn,
die Grönländer kochen nicht allein ihr Essen dabey, sondern erwärmen ausserdem auch noch dadurch
ihre Kammern, welche im Winter eben so warm,
als Stuben, gehalten werden können. Indessen
muß man doch gestehen, daß es eben nicht allzu
angenehm daselbst riecht; indem nicht allein so viele

Lam-

Lampen, worin man lauter Seehunde-Tran, und
andern vom verdorbenem Fleische der Fische
und Specke, (so sie zu ihrer Nahrung nach Hause
schleppen) kommenden Schmutz brennet, sondern
auch vornehmlich die Gefässe, worinn sie ihren
Harn lassen, einen unerträglichen Geruch verursachen; so, daß man zu Anfange vieles auszustehen
hat, ehe man sich dazu gewöhnen kann.

Sommer = Wohnungen der Grönländer.

In diese Häuser, um darinn zu wohnen, begeben sich die Grönländer sogleich nach Micha-
elis; und zu Ende des Märtzmonaths, oder,
so bald der Frühling da ist, kommen sie wieder
heraus. Sie wohnen alsdenn, und den ganzen
Sommer über, in ihren Sommer = Wohnungen,
welche nichts anders, als Zelte sind, welche folgender gestalt aufgeschlagen werden. Sie richten
einige Stangen oder Latten in die Höhe, binden
selbige oben zusammen, und hüllen eine doppelte
Decke darüber; die innere ist von Seehunds-
oder Rennthier-Fellen, wofern sie selbige haben
können; und die Haare stehen nach inwendig;
die äussere hingegen besteht aus Seehund-Fellen,
von denen die Haare herunter gemacht, und welche mit Fett eingeschmieret sind, damit kein Regen oder Wasser hindurch dringen könne. Inwendig in dem Zelte, haben sie ein Schlaf-Ge-
stelle von Brettern, worauf sie sich legen, und
auch ihre Lampe, zum Kochen derer Speisen, hin-
stellen. Bey dem Eingange, oder an der Pfor-
te des Zeltes, befindet sich ein aus Seehunds-
Därmen verfertigter Vorhang, durch welchen das

Tages-

Tageslicht, wobey sie sehen müssen, durchfällt. Ein jeder Hausvater hat ein dergleichen Zelt vor sich, und seine Leute. Desgleichen, hat er einen grossen Kahn, oder **Konebaade,** zur Fortschaffung seines Gezelts, und übrigen Hausgeräthes, an denjenigen Ort, welcher ihm gefällt, oder welchen er, der Nahrung wegen, zu erwählen genöthiget ist.

## Das neunte Capitel.

**Von der Statur, und Leibes=Gestalt der Grönländer, deßgleichen ihrer Leibes= Beschaffenheit, und Gemüths=Neigung.**

**Statur und Leibes=Gestalt der Grönländer.**

In Grönland können beyde Geschlechter für schön und wohlgestaltet gehalten werden. Die Manns = und Weibs = Personen sind völliges Leibes, dick, und dabey ein wenig untersetzt. Sie haben zugleich ein sehr breites Gesicht, dicke Lippen, eine kleine eingebogene (stumpfigte) Nase, und sind von braunlicher Farbe. Indessen kann man doch auch sagen, daß einige unter ihnen, schön und weiß seyn. Sie haben insgesamt schwartze und gerade Haare. Ueberhaupt zu sprechen, sind sie dick und starck. Man findet selten Leute unter ihnen, welche einen Natur = Fehler, oder eine Kranckheit an sich hätten, ausser etwa

eine

eine Augen = Kranckheit, welche durch die ſchnet=
dende Frühjahrs = Winde, durch den Schnee, und
durch das Eis verurſachet wird.

**Die, welche in Norden wohnen, ſind der Ruhr
und andern Zufällen unterworfen.**

Ich habe einige Grönländer angetroffen,
welche eine Art von Ausſatz an ſich hatten; dem
ohnerachtet aber, welches merckwürdig iſt, ob ſie
gleich mit geſunden Perſonen umgiengen, und
auch ſogar bey ihnen lagen, haben ſie doch nie=
manden mit dieſem Uebel angeſtecket. Diejeni=
gen, welche weiter nach Norden wohnen, ſind
öfters mit der Ruhr, Blutfluß, Bruſt = Kranck=
heiten, Geſchwulſten, fallenden Sucht, u. d. g.
behaftet. Man weiß in dem Lande von keiner
anſteckenden Kranckheit, als: Peſt, Pocken, und
andern dergleichen. Unterdeſſen hatte doch einer
von denen Grönländern, welche man mit nach
Coppenhagen gebracht, woſelbſt er die Pocken
bekommen hatte, als er im Jahre 1734 wieder
in das Land kam, daſelbſt ſeine Landsleute, mit
dieſer Kranckheit angeſtecket, woran ohngefähr
zwey Tauſend in denen Gegenden der Colonie ge=
ſtorben. Da die Grönländer, ſo wie die an=
dern Thiere ihres Landes, von hitziger und feu=
riger Natur ſind, können ſie kein neues inneres
Feuer, und noch weniger das durch ein hitziges
Fieber verurſachte vertragen, als welches ihr Blut
dergeſtalt erhitzen würde, daß nichts dieſe Ver=
änderung, oder Hitze, zu mildern im Stande
wäre. Die Grönländer ſind ungemein blut=
reich; ſie bluten daher auch öfters aus der Naſe.

Sie

### Sie brauchen keine Arztney gegen innerliche Kranckheiten.

Wenige unter ihnen bringen ihr Alter bis funfzig, oder sechzig Jahre. Viele sterben jung, und vornemlich in ihrer Kindheit dahin. Da sie aber keine einzige innerliche Arztney einnehmen, von der Arztneywissenschaft keinen Gebrauch machen, und ausserdem nichts zu Stärkung, oder Labung eines Kranken haben, darf man sich nicht wundern, wann sie frühzeitig sterben. Bey innerlichen Krankheiten lassen sie in Ermangelung derer Arztneymittel, die Angekute, oder Zauberer kommen, welche einige Worte über sie murmeln; und sie glauben, daß ihnen dadurch geholfen werden könne.

### Besondere Cur vor triefende Augen.

Bey denen äusserlichen Zufällen hingegen bedienen sie sich einiger Mittel. Sie öffnen, zum Beyspiel, den Ort, wo der Zufall, oder die Wunde ist, mit einem Messer, und nähen ihn nachher zu. Wenn jemand dergestalt triefende Augen hat, daß sich eine weisse Materie darauf erzeuget, so machen sie von einer Nadel einen kleinen Haken, und kratzen die Materie damit ab. Sie bedienen sich auch eines Messers, womit sie die Haut abschälen, und werden dadurch geholfen. Wann die Kinder Würmer haben, steckt die Mutter ihre Zunge in ihren Hintern; und durch dieses Mittel sterben die Würmer. Der mit Fischtran gebrannte Moos wird vor die frische Wunden gebraucht. Bisweilen bedienen sie sich eines Stückes dünner Haut, welche sich zwischen das Holz und die Rinde eines Baumes befindet,

findet, und bedecken damit die Wunde, welche von ſelbſt heilet.

Die Grönländer ſind von Natur tumm.

Uebrigens iſt das vornehmſte Temperament dieſes Volkes phlegmatiſch; daher ſind ſie auch von tummer, einfältiger, und gleichgültiger Gemüths-Beſchaffenheit. Man bemerkt ſehr ſelten eine Leidenſchafft bey ihnen, und ſie ſind, ſo zu ſagen, in ihrem ganzen Betragen unempfindlich. Indeſſen glaube ich, daß dasjenige, welches am meiſten zu ihrer Tummheit und Gleichgültigkeit beyträgt, der Mangel der Erziehung, und derer Mittel, welche zur Bildung und Verbeſſerung ihres Verſtandes behülflich ſeyn könnten, ſey. Eben dieſes hat man bey denenjenigen, welche lange mit uns umgegangen ſind, und vornehmlich unter der Jugend, bemerket. Man hat gefunden, daß ſie alles, was ſie von uns gehört, oder geſehen haben, ſowohl Gutes als Böſes, haben begreifen und lernen können. Man hat auch einige unter ihnen, die mit einer vortreflichen Fähigkeit begabt geweſen, angetroffen.

# Das zehnte Capitel.
## Von der angebohrnen Eigenſchaft, und den Sitten der Grönländer.

Sie haben weder Obrigkeiten, noch Geſetze unter ſich, und leben doch ehrbar.

Unerachtet die Grönländer weder Obrigkeiten, noch Geſetze, noch Ordnung, noch einige Art

von

on Zucht unter ſich haben, ſind ſie doch nicht ohne
:iner Art von Geſetz, oder der Ungebundenheit er-
zeben. Ihre angebohrne gute Neigung, vertritt
bey ihnen die Stelle eines Geſetzes, und flößt ihnen
:inigermaſſen eine äuſſere Ehrbarkeit ein. Man
nuß ſich nothwendig verwundern, wenn man die
Einigkeit und das gute Vernehmen, worinn ſie mit
:inander ſtehen, anſieht; denn, man wird ſelten
Zwiſtigkeiten, oder Streit, Haß, oder Verfolgun-
jen unter ihnen gewahr werden. (*) Wann auch
a ein Grönländer etwa gegen jemanden übel ge-
:innet wäre, würde er es ſich doch gewißlich nicht
nerken laſſen. Die groſſe Ehrfurcht, welche ſie
jegen einander haben, würde ihm nicht einmahl
jeſtatten, ſeinen Widerſacher zu ſchimpfen; er wür-
e auch damit gar nicht zurecht kommen, weil die
Landesſprache keine Schimpfwörter enthält. In-
:eſſen iſt es doch, wiewohl ſehr ſelten, geſchehen,
jaß ein Böſewicht, aus einer heimlichen Bosheit,
:inen andern ermordet hat. Man ſieht alsdann
ergleichen Handlung mit der gröſſeſten Gleichgül-
igkeit, ohne ſich zur Beſtrafung derſelben anzuſchi-
fen, oder zu bezeugen, daß man ſelbige zu
Herzen nehme, an. Niemand, als die Anverwand-
en des Ermordeten, rächen ihn, wofern ſie die Ge-
valt, oder das Herz dazu haben.

K

Die

---

(*) Wann ſie ſehen, daß unſere frey: Schiffsleute unter-
inander ſtreiten, oder ſich ſchlagen, ſehen ſie dieſes als der
Menſchlichkeit zuwiderlaufende Handlungen an; und man hat
ſie ſprechen gehört: Es ſcheint, daß ſie vergeſſen haben,
jaß ſie Menſchen ſeyn. Gleichergeſtalt, wann ein Officier
:ine Matroſen ſchlägt, ſagen die Grönländer: Er begegnet
:enen Menſchen, wie man Hunde tractiret.

Die alte Hexen werden mit dem Tode beſtrafet.

Von einer andern Gerechtigkeit in dieſem Stücke weiß man nichts. Was aber eine ſogenannte
alte Hexe, oder ſolche Perſonen, die ihnen, wie
ſie ſich einbilden, durch ihre Zaubereyen den Tod
zufügen könnten, betrifft, ſo gerathen ſie in Zorn,
und bezeugen eine groſſe Luſt, ſich an ihnen zu rächen; und ſie ſchlagen ſelbige bey Gelegenheit todt,
und bringen ſie ohne Barmherzigkeit um. Sie
behaupten, daß ſie ſolches mit Rechte thun, weil
Perſonen, welche heimlich andern ſchaden, und
ihnen den Tod zufügen, nicht zu leben verdienen.

Sie beſtehlen ſich einander niemahls.

Sie leiden keinen Diebſtahl unter ſich; und es
pflegt auch ſelten einer den andern zu beſtehlen; dieſerhalb haben ſie auch nicht nöthig, dasjenige, was
ſie beſitzen, unter dem Schloſſe zu halten. Sie
laſſen alles offen, und einen jeden frey eingehen,
ohne zu fürchten, daß man ſie beſtehle, oder ihnen
das geringſte entwende.

Dagegen aber beſtehlen ſie die Fremdlinge.

Der Diebſtahl wird unter ihnen dermaſſen ver-
abſcheuet; daß, wann ein Mädchen ſtiehlt, ſie dadurch die Hofnung einer guten Heurat verliehrt.
Uns hingegen, die wir Fremdlinge ſind, zu beſtehlen, daraus machen ſie ſich kein Gewiſſen. Unterdeſſen, da wir ſchon ſeit langer Zeit in Grönland
unter ihnen wohnen, und ſie uns als Landes-Ein-
wohner zu betrachten anfangen, wagen ſich die be-
nachbarte Grönländer unſerer Wohnungen nicht
mehr, uns zu beſtehlen.

Sie

Sie sind gar nicht zur Unzucht geneigt: und ehren
sich unter einander.

Was die in dem sechsten Gebote verbotenen
Sünden betrift, haben wir niemahls, weder in
ihren Worten, noch Werken, wahrgenommen und
bemerket, daß sie zu irgend einer Unreinigkeit geneigt wären; ein gewisses anstößiges Spiel etwa
ausgenommen, welches unter denen verheuratheten
Personen gebräuchlich ist, und dessen ich unten (*)
Erwähnung thun werde.

Von der äussern Artigkeit und Höflichkeit machen die Grönländer eben nicht sonderlich viel.
Sie gehen ein und aus, ohne sich einander zu
grüssen. Indessen setzen sie doch nicht schlechterdings alle Art von Manierlichkeit aus den Augen;
denn, sie machen einen Unterschied unter denen
Personen, und ehren einige mehr als andere, nach
ihrer Fertigkeit und Geschicklichkeit. Sie gehen
niemahls in ein Haus, worin sich ein Fremder
befindet, ohne dahin eingeladen zu seyn; und wenn
sie herein kommen, weiset ihnen der Mann, den sie
besuchen, den Platz an, wo sie sich niedersetzen sollen.

Sie sind ungemein gastfrey.

Sobald ein Fremder in ein Haus getreten ist,
fordert man ihm sogleich seine Kleidung ab, um
selbige trocknen zu lassen: und es ist in Grönland gebräuchlich, daß derjenige, welcher ankömmt,
sich, so wie die andern, entkleidet. Er ißt sogleich
nicht, um nicht gierig, und heißhungerig genannt
zu werden. Alle Leute in dem Hause müssen sich
des Abends, ehe sich der Fremde niederlegt,

K 2                         schla-

_____

(*) S. die 160. Blatt.

schlafen legen; dieses ist eine Art von Ehrerbietig
keit, welche man gegen ihn hat. Denn, es läß
schlecht, spricht man, wann sich ein Fremder vo
den Herrn des Hauses schlafen legt. Wann ei
Fremder in ein Haus kömmt, muß er niemahl
zu essen fordern, und wann er auch noch so hun
gerig seyn sollte. Er hat es auch gar nicht nö
thig, darum zu bitten; denn, die Grönlände
bieten gern zu essen an, und sind geneigt, sich ein
ander zu beschencken; und, welches sehr löblich z
seyn scheinet, sie haben fast alles unter sich gemein
dergestalt, daß, wann sich jemand findet, welche
nichts hat, und auch nichts haben kann, die an
dern ihn niemahls Hunger sterben lassen. Er iß
frey mit ihnen; und es muß uns dieses billig be
unsern andern Christen beschämen, die wir so vie
Arme und Dürftige umkommen, und Hunger ster
ben lassen.

**Sie sind von Natur grob und unreinlich.**

Uebrigens sind die Grönländer von Natu
grob und unreinlich. Sie waschen sich selten, (*
und tragen kein Bedenken, von Gefäßen, au
welche

---

(*) Die Mannspersonen waschen sich nicht eher, als wann
sie von der See kommen; alsdann lecken sie ihre Finger, wi
die Katzen, und reiben sich die Augen damit, um das Saltz
womit ihnen die See das Gesicht bedecket hat, davon herab
zu bringen. Die Frauenspersonen waschen sich mit ihrem Urin
um ihre Haare wachsen zu machen, und sich, nach ihrer Ein
bildung, einen angenehmen Geruch zu verschaffen. Denn, wann
sich ein Mädchen auf solche Art gewaschen hat, spricht man
von ihr: Niviarsiarsuarnerks; das heißt: Sie riecht, wie ein
Jungfer. Wann sie solchergestalt ihre Haare im Winter ge
waschen

welchen die Hunde gefreſſen haben, zu ſpeiſen,
ohne ſelbige vorher abgewaſchen zu haben; und
was noch eckelhafter iſt, ſie eſſen die Läuſe, welche
ſie bey ſich, und bey andern, fangen. Sie leben
genau dem Sprichworte nach, da es heiſt: Was
aus der Naſe kömmt, kann in den Mund fallen,
damit nichts umkomme. Sie ſchaben mit einem
Meſſer den Schweiß von ihrem Geſichte ab, und
lecken ihn auf. Sie ſchämen ſich nicht, alle ihre
Nothdurft in Gegenwart aller Menſchen zu verrichten. Jede Familie hat ein Faß, welches vor
ihrem Zimmer ſteht, und worein ſie ihr Waſſer
laſſen, welches ſo lange darinn ſtehen bleibt, bis
man den Geruch nicht mehr vertragen kann; weil
ſie ſich deſſen bedienen, um die Häute, welche ſie
zubereiten wollen, darein zu legen.

### Geſtank in ihren Zimmern.

Dieſes Waſſer giebt einen unerträglichen Geruch von ſich, wann man es nur ganz wenig be-
weget; des Geſtankes nicht zu gedenken, den das
verfaulte Fleiſch, und der verdorbene Speck, die
ſie unter ihre Bänke werfen, verurſachen. Es iſt
kein groß Vergnügen vor reinliche Leute, bey denen Grönländern zu ſeyn. Indeſſen, wann
man einmahl daran gewöhnt iſt, empfindet man
eben keine ſo ſonderliche Beſchwerde davon.

K 3        Die

---

waſchen haben, begeben ſie ſich an die Luft, in die ſtrengſte
Kälte, und laſſen ſelbige ſtark gefrieren. Hieraus ſieht man,
daß dieſes Volk einen ziemlich ſtarken Kopf habe. Wir würden es auf die Art nicht aushalten können.

Die Grönländer sind von angenehmen Umgange.

So grob und unreinlich aber die Grönländer in ihrer Haushaltung sind, so angenehm und freundlich sind sie doch dabey in dem weltlichen Umgange. Sie leiden gern, daß man auf eine artige und anständige Weise mit ihnen scherze. Sie haben es niemahls versuchet, jemanden unter uns Leides zu thun, wofern sie nicht dazu gezwungen worden. Ausserdem fürchten sie sich auch sehr vor uns, weil sie uns als Leute ansehen, welche ihnen an Stärke und Muth überlegen sind.

---

# Das eilfte Capitel.

## Von der Kleidung der Grönländer.

### Kleidung der Mannspersonen.

Jhre Kleidung besteht gröstentheils aus Rennthier = und Seehundsfellen, desgleichen aus Vogelhäuten. Die Häute werden sehr reinlich zugerichtet, und bearbeitet. Die Kleider derer Mannspersonen sehen folgendergestalt aus. Die untere Kleidung ist wie ein Camisol, an welches eine Kappe angenehet ist, die ihnen anstatt einer Mütze dient. Es hängt beynahe bis an die Knie herab. Einige haben vorn und hinten eine Spitze. Jhre Hosen sind sehr klein; und gehen nicht über den Obertheil derer Hüftknochen in die Höhe: und zwar dieses aus dem Grunde, damit sie desto bequemer

quemer in ihre kleine Fahrzeuge ein- und aussteigen können. Da sie keine Leinwand zunächst auf ihrem Leibe haben, kehren sie das Rauche ihrer Kleidung nach inwendig, damit sie ihnen desto mehr Wärme mittheile. Ueber dieser Kleidung haben sie noch eine andere, wenn sie zur See gehen. Diese besteht aus Seehundsfelle, wovon die Haare herunter gemacht sind, und wodurch kein Wasser durchdringt, wenn sie auf der See mit ihren kleinen Kähnen schiffen.

Zwischen dem Seekleide, und dem untersten Pelze, haben sie noch eine andere Kleidung von Leinwand, oder, in Ermangelung selbiger, von zubereiteten Seehundsdärmen, welche ebenfalls dazu beyträgt, zu verhintern, daß das Wasser nicht bis zum inwendigen Pelze durchdringe. Bisweilen besteht entweder die obere oder die untere Kleidung aus Zeuge, oder Leinwand mit weissen oder rothen Streifen, welche sie von uns oder denen Holländern kaufen; die sie aber nach ihrer Art zuschneiden. Sie machen damit Prank, wann sie zu Lande sind; und ihre Hosen sind alsdann ebenfalls aus demselbigem Zeuge verfertigt. Ihre Strümpfe bestehen aus Rennthier- oder Seehunds-Felle; indessen tragen sie anjetzt auch ziemlich häufig blaue oder rothe wollene Strümpfe, welche sie von uns eingetauscht haben. Ihre Schuhe und Stiefeln sind aus zugerichteten und gegerbten Robbenfelle verfertiget; von schwarzer, gelber, oder rother Farbe, sämtlich sehr sauber genehet, und ohne Absätzen; aber sowohl vorn als hinten faltig.

K 4 tig.

tig. Dieſe Schuh und Strümpfe laſſen ihnen an
hren Schenkeln und Füſſen gar artig. (*)

### Kleidung derer Frauensperſonen.

Die Kleidung derer Frauensperſonen, iſt von
der Mannskleidung bloß darin unterſchieden, daß
ſie weit iſt, und bis an die Schultern hinauf geht,
und daß ſie groſſe und hohe Mützen auf haben.
Die verheyrathete Frauensperſonen, welche Kinder
haben, halten ihre obere Kleidung ſehr breit und
weit, weil ſie darin ihre Kinder auf dem Rücken
tragen; und ſie haben weiter keine Wiege, noch
Windeln. Sie tragen zwey Paar Hoſen; nehmlich ein Paar unten, welches bloß bis an die
Mitte des Oberſchenkels herab geht. Selbige ziehen ſie niemahls aus; und ſie ſchlafen ſogar damit.
Die auswendige Hoſen gehen ihnen bis an die
Knie. Letztere tragen ſie des Sommers nicht; ſondern bloß im Winter, wann ſie ausgehen. Im
Hauſe bedienen ſie ſich ſelbiger nicht; ſondern ziehen ſie aus, ſobald ſie nach Hauſe gekommen ſind.
Es ſind ſelbige mit einem doppelten Pelze verſehen; einer ſitzt inwendig dicht an dem Leibe, und
iſt von Renthierfelle, deſſen Haare nach inwendig
gehen: der andere auswendige, welcher ebenfalls
von Renthierfelle iſt, iſt von feinen Haaren, und
ungemein ſchöner Farbe: in Ermangelung des
Rennthierfelles aber, macht man ſie aus Robben-
Fellen.

---

(*) Im Sommer bedienen ſie ſich eines halben Seepelzes;
desgleichen auch im Winter in denen Meerbuſen; und darüber
haben ſie noch einen weiſſen Halbpelz, um die Seehunde nicht
zu verſcheuchen.

Fellen. Auf eine oder die andere Art ist dieser
Pelz auf denen Näthen weiß eingefaßt; welches
gar vortreflich aussieht. Ihre Schuhe sind wie
bey denen Mannspersonen; ihre Stiefeln aber ha=
ben gemeiniglich eine breite Stülpe, so wie wir
sie selbst an unsern Stiefeln zu haben pflegen; übri=
gens sind sie eben so, wie die Mannsstiefeln, be=
schaffen. Weil ihre Haare lang und dick sind,
stutzen sie selbige auf, und machen gleichsam eine
Haube daraus, welche ihnen recht gut läßt; denn
sie gehen gemeiniglich mit blossen Haupte, sowol
ausser, als in dem Hause; und ziehen ihre Kap=
pen nicht eher über den Kopf, als wenn es re=
gnet, oder schneyet. Ihr vornehmster Putz be=
steht in Glas = Perlen, von verschiedenen Farben,
oder in Corallen, welche sie an den Ohren, am
Halse, oder am Arme, tragen. Sie haben auch
Armbänder von einer schwarzen Haut, welche mit
Perlen besetzt sind, womit sie ihre Kleider und
Schuhe ausschmücken.

Es ist auch noch ein gewisser anderer Schmuck
unter denen Grönländischen Frauenspersonen
gebräuchlich, da sie nehmlich zwischen die Augen,
am Halse, an denen Aermen, Händen, und so
gar an denen Schenckeln, schwartze Linien mit
einer Nadel und einem geschwärzten Faden machen,
die sie nachher ziehen: und ohnerachtet uns der=
gleichen Putz ziemlich mißfällig vorkömmt, so be=
hauptet man doch in dem Lande, daß nichts zier=
licher sey, als dieses. Wenn eine Frauensperson
kein auf diese Art eingefaßtes Gesicht hat, sagt
man, daß ihr Kopf in einen Fischtran = Topf

K 5                     werde

werde verwandelt, und unter die Lampe geſetzet
werden, wann ſie in den Himmel, oder an den
Auffenthalt derer Seelen gelangen werden.

**Die Grönländer ſind reinlich in ihrer Kleidung,
dagegen aber unreinlich in ihrem Eſſen.**

Ein jeder hält ſeine Kleider ziemlich reinlich,
ohnerachtet man die Grönländer in allen andern
Stücken, vornemlich in ihrem Eſſen, unreinlich
nennen kann. Die Frauensperſonen welche Kinder haben, halten ſehr wenig auf ſich, und ſind
überaus unreinlich; denn ſie wiſſen, daß ſie nicht
weggejagt werden können; diejenige hingegen, welche unfruchtbar ſind, oder deren Kinder geſtorben
ſind, leben in einer beſtändigen Furcht, alle Augenblick ihren Abſchied zu bekommen; ſo, daß ſie
ſich befleißigen, ſich reinlich zu halten, damit ſie
ihrem Manne gefallen mögen.

# Das zwölfte Capitel.
## Von dem Eſſen derer Grönländer, und der Art, wie ſie ſelbiges zurichten.

**Ihre Nahrung iſt Fleiſch und Fiſche.**

Das Eſſen der Grönländer beſteht einzig und
allein in Fleiſch und Fiſchen; denn ihr Land
bringt ſonſt nichts anders, was zur Nahrung
tauglich wäre, als Rennthiere, Wallfiſche, Seehunde, Haſen, Rebhüner, und verſchiedene Arten

ten von Seevögeln, hervor. Sie essen bisweilen das Fleisch gantz roh, bisweilen lassen sie es kochen, oder in der Sonne und im Winde dörren. Was die Fische hingegen anlanget, so lassen sie selbige beständig kochen; diejenige ausgenommen, welche sie im Sommer an der Sonne haben dörren lassen, als die Lachse, Rognkaller, oder Steinbeisser, die Helleflynders, und die kleine Stinte, welche sie in Menge in dem May- und Brach = Monathe fangen, und die sie zu ihrer Nahrung auf den Winter aufheben. Und weil es selten zu geschehen pflegt, daß sie im Winter Seehunde fangen können, ausser etwa in Norden, allwo man sie auf dem Eise schiesst, geben sie sich im Herbste die Mühe, und verscharren alle diejenige, die sie fangen, unter den Schnee, und heben sie zur Speise auf den Winter auf. Hernach ziehen sie selbige, einen nach den andern, heraus, und essen sie, ohne weitere Umstände, roh und gefroren.

**Ihr Getränck ist klares Wasser, mit Eis eingefrischt.**

Sie haben kein anderes Getränck, als das klare Wasser; wodurch dasjenige wiederlegt wird, was einige Schriftsteller behauptet haben, daß nehmlich die Grönländer Fisch = Tran trinken sollen. Sie essen nicht einmahl den Speck, ausser nur sehr wenig, mit dem trocknen Fische, und denen Mooßbeeren (Kräckebär), geschweige, daß sie den Tran trinken sollten.

Damit das Wasser, welches sie trinken, desto kälter und erfrischender seyn möge, werfen sie Stücke Eis oder Schnee hinein. Sie

Sie ſind ſehr unreinlich in ihrem **Eſſen**.

Ueberhaupt zu ſprechen ſind die **Grönländer**
ſehr unreinlich in ihrem Eſſen. Sie waſchen
niemahls die Gefäſſe und Keſſel, worin ſie ihr
Eſſen kochen, ab, welche ſie auf den Fußboden
des Zimmers, und auf die Erde, wo ſie gehen,
und welche ihnen an ſtatt Tiſches dienet, ſetzen.
Sie eſſen das bereits verdorbene und ſtinckende
Seehunds = Fleiſch, mit groſſen Appetite, da ſel=
biger denenjenigen Leuten, welche ſolches mit an=
ſehen, dabey vergeht. Sie haben keine gewiſſe
Stunde zu ihren Mahlzeiten. Sie eſſen, wenn
es ihnen einkömmt, oder, wenn ſie hungrig ſind.
Indeſſen kann man doch ſagen, daß ſie ihre Haupt=
Mahlzeit des Abends verrichten.

Wenn ſie von der See zurück kommen, ladet
derjenige, deſſen Abend = Eſſen am eheſten fertig
iſt, die andern ein, in ſein Haus zu kommen,
und mit ihm zu eſſen; und hernach geht er zu
ihnen, und ſo geht es nach einander fort.

Die Frauensperſonen eſſen beſonders vor ſich,
und können ſehr lange hungern.

Die Frauensperſonen eſſen nicht mit denen
Mannsperſonen, ſondern beſonders unter ſich; und
wenn ihre Männer zur See ſind, beſchencken
ſie ſich gemeiniglich unter einander. Wann ſie
mit einem guten Appetit eſſen, wiſſen ſie dagegen
auch wiederum, wenn es nöthig iſt, und ſie
nichts zu eſſen haben, auf eine auſſerordentliche
Art zu faſten. Man hat ſie bisweilen mit Er=
ſtaunen, wann es ihnen an Nahrung gefehlet,
lange Zeit ſich mit einem Stück alter Haut,

mit

mit **Tang** oder **Meergrafe,** welches sie von der
Seeküste geholet, und mit andern dergleichen
Dingen, erhalten gesehen. Der Grund aber, warum die Grönländer den Hunger leichter als
wir ausstehen können, liegt ohne Zweifel darin,
daß, da sie sehr fett und völlig sind, sie in ihrem
überflüßigen Fette Materie genug inwendig bey
sich, eine gewisse Zeitlang, zu verzehren haben.

### Wurzeln, welche sie einmachen.

Ausser denen bisher erwähnten Gerichten, essen
sie auch eine gewisse Seepflanze, eine Art von
rother Wurzel, welche an dem Ufer des Meeres
gefunden wird. Sie bedienen sich selbiger eigentlich nicht zur Stillung ihres Hungers; sondern
zum blossen Vergnügen, oder Schleckerey. Eben
so machen sie es mit einer gewissen andern Wurzel, welche **Tugloronet** heißt. Beyde werden
in Fisch = Tran, oder mit dessen Specke einge=
macht. Die Unreinigkeiten, welche sich in denen
Gedärmen der Rennthiere, und in dem Eingeweide der Rebhüner finden, und andere dergleichen
Dinge, sind niedliche Gerichte vor sie. Sie
machen eine Art von Fladen, oder Pfannkuchen,
mit der Materie, welche sie von denen Seehunds-
Fellen, an der Seite des Fleisches, bey Zubereitung dieser Häute, abschaben. Im Sommer kochen sie ihr Essen auf dem Felde, bey Holz, oder
Rohr; des Winters hingegen, kochen sie es, in
ihren Häusern, über brennenden Lampen, in kleinen länglich = runden Kesseln von Messing, Kupfer, oder Weikstein, welche sie selbst verfertigen.

Auf

### Auf was für Art ſie ein neues Feuer anmachen, wann ihres ausgegangen iſt.

Wann ihr Feuer ausgegangen iſt, und ſie es aufs neue wieder anmachen wollen, nehmen ſie einen Span von einem Stücke trocken Tannen⸗ holz, und reiben ſelbigen an ein anderes Stück Holz: worauf das Holz in Brand geràth, und ſie Feuer haben.

### Unſer Eſſen ſchmeckt ihnen gut; aber nicht unſer Getrànke.

Anfànglich wollten ſie nichts von unſern Ge⸗ richten koſten; anjetzt aber danken ſie uns, wann man ihnen etwas davon abgiebt. Die But⸗ ter und das Brod ſind vornehmlich nach ihrem Ge⸗ ſchmack. Mit unſerm Getrànke aber halten ſie es eben nicht ſehr. Indeſſen haben doch einige von ihnen, nachdem ſie eine gewiſſe Zeit lang bey uns geblieben waren, Wein und Brandwein trinken gelernet; und ſie ſchlagen ſelbigen nicht ab, wann man ihn ihnen anbietet. Den Schnupftoback aber können ſie nicht vertragen, noch auch den Geruch des Rauchtobacks. Jedoch haben ſie ſeit einiger Zeit auch den Toback vertragen, und gebrauchen gelernet.

**Das**

## Das drepzehnte Capitel.

### Von denen Heuraten der Grönländer, und von der Erziehung ihrer Kinder.

Die Vielweiberey herrscht nicht sehr unter ihnen.

Die Vielweiberey, welche so stark unter denen andern heidnischen Völkern herrscht, ist unter denen Grönländern eben nicht sehr gebräuchlich; indem ein jeder gemeiniglich nur Eine Frau hat. Einige, wiewohl nur wenige, haben deren zwey, drey, und sogar vier; wodurch sie sich als Leute, welche stärker und geschickter als die andern sind, beweisen, indem sie so viele Weiber und Kinder ernähren können.

Seit der Ankunft derer Dänen in das Land, sind die Weiber eifersüchtig, wann ihre Männer mehr als Eine Frau haben wollen.

Man hat angemerket, daß vor unserer Ankunft in das Land nicht die geringste Eifersucht unter diesen Weibern statt gefunden, sondern, daß sie in vollkommen gutem Vernehmen unter einander gelebet; seitdem wir ihnen aber zu verstehen gegeben, daß, nach dem Worte Gottes, denen Verordnungen und dem Willen des Schöpfers, ein Mann nicht mehr als Eine Frau haben könne, hat man wahrgenommen, daß einige von diesen Weibern ein Mißvergnügen bezeuget haben, wann ihr Mann

eine

eine neue Frau hat nehmen wollen. Einige haben
mich gebeten, daß ich doch dieſes einigermaſſen zu
hintertreiben ſuchen mögte; und wann ich ſie in
ihren Häuſern den Catechiſmus lehrete, und in
dem Worte Gottes unterrichtete, erinnerten ſie mich
in Gegenwart ihres Mannes, auf die Haltung des
ſechſten Gebotes vornehmlich zu dringen.

**Die verheuratete Perſonen leben gar nicht keuſch
und züchtig, ſondern frey.**

Wir haben in ſehr langer Zeit nicht bemerket,
daß ſich ein Mann mit der Frau eines andern ab-
gegeben; nachher aber haben wir erfahren, daß ſie
in dieſem Stück nicht eben ſehr gewiſſenhaft geweſen. Man kann dieſes aus einem gewiſſen unzüch-
tigen Spiele abnehmen, welches darinn beſtehet:
Es verſammlet ſich ein Haufe Manns- und Frauens-
Perſonen; welche, nachdem ſie ſich einander an-
ſehnlich beſchencket, nach ihrer Art zu ſingen, und
zu tanzen anfangen. Nachher begeben ſie ſich
nach gerade mit der Frau eines andern, hinter
einen Vorhang, oder ein Fell, welches eine Scheidewand in einem Winkel des Hauſes macht, an
den Schlafort; und man kann leicht denken, was
ſie daſelbſt vornehmen. Man ſieht denjenigen,
welcher ſeine Frau, ohne den geringſten Wider-
willen darüber zu bezeugen, einem andern geſtat-
tet, als einen Mann von dem vortreflichſten
Charakter an.

**Es iſt ein Glück vor die verheuratete Frauen,
wann ſie Umgang mit einem Angekkok pflegen.**

Bey dergleichen Arten von Unzucht, ſind es bloß
die verheurateten Frauen, denen, nach ihrer Einbildung

bildung, dergleichen Arten von Freyheiten zukom-
men, und anstehen. Sie glauben unter andern,
daß es ein Glück und eine Ehre vor sie sey, wann
sie sich in den Willen eines Angekkok, oder eines ihrer Propheten, oder Gelehrten, ergeben.
Ihre Männer selbst, anstatt darüber bekümmert
zu seyn, geben noch dazu einem Angekkok etwas, damit er nur ihren Frauen gut beyschlafen
möge, vornehmlich, wann sie keine Kinder von ihnen haben: denn, sie glauben, daß das Kind,
welches eine Frau von einem Angekkok bekommen würde, weit tugendhafter und glücklicher, als
ein anderes, seyn werde.

### Die Mädchen sind dagegen tugendhaft.

Dagegen aber sind auch wiederum die Mädchen
züchtig, und schamhaft. Wir haben niemahls gesehen, daß sie sich einiger Freyheiten mit denen
Junggesellen bedienet hätten; und sie sind, sowohl
in ihren Worten als Wercken, recht sittsam.
In denen funfzehn Jahren, die ich in Grönland
gewohnt habe, habe ich von nicht mehrern, denn
zwey oder drey Mädchen gehöret, welche schwan-
ger geworden; man sieht auch dieses als einen
grossen Schimpf bey ihnen an.

### Die Grönländer heuraten ihre Blutsver-
### wandten nicht.

Ich muß noch als einen merckwürdigen Umstand
mit anführen, daß die natürliche Sittsamkeit unter denen Grönländern beobachtet werde. Sie
heuraten niemahls ihre Blutsfreundinnen, auch
nicht einmahl aus dem dritten Gliede. Sie fin-

L                                                    den

den etwas unanſtändiges darin; und führen zum
Grunde an, daß dergleichen eheliche Verbindun-
gen unter ihnen nicht gebräuchlich wären. Es
würde auch ein Verbrechen ſeyn, wann ein junger Geſell, und ein Mädchen, welche in Einem
Hauſe erzogen worden, ſich einander heyrathen
wollten; denn, man ſieht ſie als Brüder und
Schweſtern an.

### Heyraths = Ceremonie.

Die einzige Ceremonie, welche bey dem Heyrathen gebräuchlich iſt, und bey ihnen die Stelle
der prieſterlichen Trauung, und der Hochzeit, vertritt, beſteht darinn, daß ein junger Menſch, welcher ſeine Liebe auf ein Mädchen geworfen hat,
bey ihren Aeltern und Freunden um ſelbiges anhält.
Wann ſie ihre Einwilligung dazu gegeben, trägt
er zwey oder mehrern alten Frauen auf, ihm ſeine
Verſprochene her zu führen; ein ſtarker Jüngling
aber pflegt ſie wohl ſelbſt in ſein Haus zu ſchlep-
pen. In dem erſtern Falle, ſuchen die alte
Frauen das Mädchen auf, nehmen es mit Gewalt weg, und führen es mit ſich fort; denn,
ohnerachtet dergleichen Perſon in die Heyrath ein-
williget, muß ſie ſich doch, der Schamhaftigkeit
wegen, ſtellen, als wann ſie dazu gezwungen
würde: widrigenfalls würde ſie in einen üblen Ruf
kommen, und beſchuldiget werden, daß ſie eine
ſtarcke Luſt und Begierde zum Heyrathen gehabt.
Wann ſie in dem Hauſe, wo ihr Verſprochener
wohnt, angelanget iſt, bleibt ſie einige Zeitlang
eingezogen, und ſetzt ſich in einen Winkel mit
zerſtreueten Haaren, welche ihr um die Augen

herum

herum hängen, zu einen Beweise ihrer Schaam und Sittsamkeit.

Während dieser Zeit, thut der Versprochene sein möglichstes, sie dahin zu vermögen, daß sie in sein Begehren einwillige. Endlich läßt sie sich zureden, sich bey ihm zu legen; und hiermit hat die gantze Hochzeit = Ceremonie ein Ende. Bisweilen macht man selbige auch wohl noch kürzer, und geht gerade zu Bette, ohne bey den Aeltern um die Tochter anzuhalten. (*)

### Die Grönländer scheiden sich öfters von ihren Eheweibern.

Ihre Heuraten sind kein fester und unauflöslicher Contract. Die Männer scheiden sich öfters von ihren Weibern. Sie jagen selbige sogar weg, wann ihnen ihr Gemüth nicht ansteht, oder sie ihnen keine Kinder gebähren; letzteres sehen sie als einen Schimpf an. Sie nehmen alsdann eine andere Frau. Haben sie aber Kinder von ihrer Frau, so dulden sie selbige; sie begehen sich gut mit ihr; und es scheidet sie nichts, als der Tod. Es ist nichts

L 2 sel-

(*) Wenn jemand die Versprochene seines Sohnes bohlen läßt, und er nur ein wenig von Vermögen ist, so richtet er ein Hochzeit = Mahl aus, und setzt Preise auf dem Felde, als Latten, Knochen, Messer, und andere dergleichen Dinge aus. Eben so macht er es auch den folgenden Tag darauf, nachdem die neue Eheleute die Nacht mit einander zugebracht. Es muß ein gantzes Jahr verflossen seyn, ehe sie ein Kind bekommen. Es ist ein Schimpf vor sie, wann die Frau früher ins Wochenbette kommt; denn alsdann vergleicht man sie mit Hunden. Eben dergleichen Vorwurf erfolget auch, wann eine Frau oft entbunden wird. Eine Neuverheurathete muß darüber, daß sie aus einem Mädchen zur Frau geworden ist schamhaft aussehen.

seltenes, daß sie selbige wegen ihrer Halsstarrigkeit, und ihres Eigensinnes, schlagen; deswegen aber sind sie doch gute Freunde. Es geschieht bloß um einer Kleinigkeit willen, wann eine Frau Schläge von ihrem Mann bekömmt. Ein Mann, welcher ein Mädchen, das bey ihm in Diensten steht, schlägt, fällt in üble Nachrede. Der Grund, den sie davon anführen, ist dieser, daß ihm die Frau, aber nicht die Magd, zugehöre. Eben dieselbe Bewandnis hat es auch, wann eine Mutter ihre Söhne schlägt. Schlägt sie aber ihre Töchter, so wird sie für eine böse und unmenschliche Mutter gehalten, und man weiset mit Fingern auf sie. Wann der Mann, oder die Frau sterben, verheuratet sich der am Leben bleibende Theil hinwiederum.

### Ceremonie bey einem neugebohrnen Kinde.

Die Frauen sind stark, und zeigen viel Kräffte in ihren Wochen. Sie sind im Stande, sich sogleich nach ihrer Entbindung auf ihr Bette zu setzen, und was sie wollen, in ihrer Wirthschafft zu verrichten. Indessen kostet ihnen ihre grosse Beherztheit doch auch zuweilen das Leben. Den Tag nach ihrer Entbindung gehen sie aus, und warten ihre gewöhnliche Geschäffte ab, wobey sie sich einer Leibbinde von Felle, welche zwey bis drey Zoll breit ist, und die sie auch vor ihrer Entbindung trugen, bedienen. Sobald das Kind gebohren ist, tunkt die Mutter ihren Finger in Wasser, und reibt ihm die Lippen damit; oder legt ihm ein klein Stückgen Schnee in den Mund, und spricht: Smekautit, das heißt: **Du hast rechtschaffen getrun-**

getrunken; und wann sie beym Essen ist, nimmt
sie ein Stückgen Fisch, hält es einen Augenblick
vor dem Munde ihres Kindes, bewegt dessen Hand
und spricht: Aiparpotir, das heißt: Du hast ge-
gessen, und mir Gesellschafft geleistet. Hierauf legt sie es zu Bette. Man darf ihm die Na-
belschnur nicht mit einem Messer abschneiden; sondern, es muß dieses mit einer Muschelschale, oder
mit denen Zähnen, geschehen. Wann diese Nabel-
schnur trocken geworden, machen einige ein Amulet
daraus; das ist: sie hängen selbige als etwas würk-
sames an den Leib.

### Die Frauen bringen ziemlich oft Misgeburten zur Welt.

In den Kindesnöthen hält man einen Nachttopf
über den Kopf der Kreissenden. Wann das Kind
ein Jahr alt ist, leckt es die Mutter vom Kopf
bis zu den Füssen, damit es stark und gesund werde. Zwillinge werden selten gebohren; dagegen
aber sieht man zum öftern Misgeburten. Im
Jahre 1737 brachte eine gewisse Frau in der Dis-
kobucht, eine dergleichen gar sonderbare Misge-
burt zur Welt. Die Augen daran befanden sich
an der Seite der Nase. Sie hatte eine spitzige
Schnauze, und keine Ohren. An statt der Hände
und Füsse, hatte sie Pfoten mit Klauen; und ihre
Oberschenkel waren sehr dick. Die Stirn war mit
Haaren, welche wie Rennthier-Haare aussahen,
besetzt; und an beyden Seiten derselben bemerkete
man wie ein Stück weisser Fischhaut. Im Jahre
1739, ward an an demselbigen Orte eine Misge-
burt ohne Kopf, mit 4 Füssen, und dermassen gros-

sen

ſen Nägeln, daß ſie wie Klauen ausgeſehen, gebohren. Der Mund derſelben ſaß auf der Bruſt;
und ſie hatte Klauen auf dem Rücken.

Sie tragen ihre Kinder auf den Rücken.

Ihre Kinder ſind ihnen ungemein lieb. Wann
ſie klein ſind, und die Mütter gehen nur irgend
wohin, oder ſetzen ſich nieder, und verrichten etwas, ſo tragen ſie ſelbige auf ihrem Rücken in ihre
Kleider eingewickelt, welche ihnen an ſtatt der Wiege dienen. Sie geben ihnen bis ins dritte und
vierte Jahr, ja wohl noch länger, die Bruſt. Die
Urſach davon iſt dieſe, weil ſie in ihren zarteſten
Jahren grobe Nahrungsmittel weder eſſen noch verdauen können.

Ihre Erziehung.

Die Grönländer geben ſich bey der Erziehung
ihrer Kinder eben nicht ſonderlich viel Mühe. Sie
züchtigen ſelbige niemahls, weder durch Schläge,
noch harte Worte; ſondern laſſen ihnen ihren völligen Willen. Indeſſen ſieht man, welches zu verwundern iſt, doch nicht, daß ſie, wann ſie groß
ſind, zu groſſen Laſtern oder Bosheiten geneigt
wären. In der That ſcheinen die Kinder, dem
äuſſern nach, nicht groſſe Zeichen der Ehrerbietig-
keit gegen ihre Aeltern an den Tag zu legen; denn
ſie ſind dazu weder erzogen, noch angeführet worden. Unterdeſſen beweiſen ſie ſich gemeiniglich doch
auch nicht widerſpenſtig gegen dasjenige, was ſie
thun ſollen; obgleich einige darunter bisweilen ihre
Aeltern bitten, dasjenige, was ſie ihnen befehlen,
ſelbſt zu verrichten. Die Söhne und Töchter bleiben beſtändig bey ihren Aeltern wohnen, ſo lange
ſie

sie noch nicht verheurathet sind: nachher sorgen sie
selber vor ihren Unterhalt. Jedoch trennen sie sich
nicht gänzlich von ihnen; denn, sie bleiben beständig in demselbigen Hause, sowohl die Söhne, als
Schwiegersöhne, und Geschwisterkinder; und was
sie beym Fischen, oder Jagen fangen, ist zu ihrem
gemeinschaftlichen Lebens-Unterhalt.

## Das vierzehnte Capitel.
### Auf was für Art die Grönländer ihre Todten begraben und beweinen.

**Man wirft den Hausrath u. d. g. welcher den Todten zugehöret, auf das Feld.**

Wenn jemand stirbt, werden sein Hausgeräthe,
sein Geschirr, seine Kleider, und andere dergleichen Dinge, welche ihm zugehöret, auf das
freye Feld geworfen, um durch den Anblick derer
Dinge, welche er nachgelassen, sich nicht zu verunreinigen, und damit kein Unglück dadurch angerichtet werde. Selbst alle diejenige, welche in
dem Hause wohnen, lassen ebenfalls ihre eigene
Sachen, wann sie noch neu sind, heraus bringen;
am Abend aber nehmen sie selbige wieder herein,
und alsdenn ist der Todten-Geruch vergangen.

**Art, die Todten zu begraben.**

Alsdann fängt man an den Todten zu beweinen, durch ein grosses Geheul, und häufige Thrä-

L 4

nen.

nen. Dieſes dauret ohngefähr eine Stunde, binnen welcher die nächſten Anverwandten des Todten ihn wegbringen, und in ein Grab einſchar-
ren, auf welches ſie einen Stein-Hauffen ſetzen.
Sie begraben ihn in ſeinen beſten Kleidern, und
in Rennthier - oder Seehunds-Fellen gut eingewickelt, ſo, daß ſeine Ferſen dicht an ſeinen Rücken zu liegen kommen. Neben ſein Grab legt
man die Dinge, deren er ſich ehemahls zur Ver-
ſchaffung ſeiner Nahrung bedienet hat, als; Kajak
oder den Kahn, Bogen, Pfeile, und andere dergleichen Sachen. Iſt es das Grab einer Frau-
ensperſon, ſo legt man ihre Nehnadeln, ihren
Fingerhut, u. ſ. f. dabey, nicht, als wenn man
glaubte, daß ſie dergleichen in dem andern Leben
oder in dem Lande der abgeſchiedenen Seelen,
wohin ſie gegangen ſind, nöthig haben würden;
ſondern aus Abſcheu, den man vor dieſe Dinge
hat; und aus Furcht, daß dasjenige, was gelieb-
ten Perſonen zugehört hat, wann man es vor
ſich ſieht, Gelegenheit zum Weinen geben mögte. Sie glauben, daß einen Todten, wenn man
ihn zu ſehr beweine, friere.

Die Grönländer halten ſich für unrein, wenn
ſie etwas, das einem Todten zugehört hat, an-
rühren. Diejenige, welche ihn weggebracht, und
eingeſcharret haben, ſehen ſich ebenfalls eine Zeitlang für unrein an, und müſſen ſich gewiſſer
Dinge enthalten; ſo wie nicht allein die Aeltern
und Anverwandten des Todten, ſondern auch alle diejenige, welche in demſelben Hauſe wohnen,
ſich eine Zeit lang gewiſſer Gerichte und Verrich-

tun-

tungen enthalten; alles nach Anzeige ihrer Angekutters, oder Propheten.

So lange die Trauer während, waschen sich die
Frauenspersonen nicht, auch putzen und stutzen
sie ihre Haare nicht auf, sondern lassen selbige
über ihr Gesicht herunter hängen. So oft sie
in dergleichen Umständen ausgehen, müssen sie
beständig die Kappe auf dem Kopfe haben; welches wider ihre Gewohnheit ist. Sie thun aber
dieses bloß, um nicht zu sterben. So weit treiben sie ihre Einbildung.

### Die Grönländer beweinen ihre Todten lange.

Die Grönländer beweinen ihre Todten ziemlich lange; denn allemahl, so oft jemand von
ihren Freunden, oder ein Fremder von ihrer Be-
kandtschaft, zu ihnen kömmt, ist das erste, was
man vornimmt, wenn sie herein getreten sind,
und sich niedergesetzet haben, daß man nebst denen
Aeltern, und Verwandten des Todten, zu heulen,
und den Todten zu beweinen anfängt; worauf man
sich nachher tröstet, mit gutem Appetite speiset, und
sich einander beschenkt.

### Ceremonie bey Hinwegtragung derer Todten zum Grabe.

Wann der Todte weder Aeltern, noch Freunde,
zurück gelassen hat, läßt man ihn an demjenigen
Orte, wo er gestorben ist, sowohl in seinem Hause,
als auf dem freyen Felde liegen. Stirbt jemand
in seinem Hause, trägt man ihn nicht zur selbigen
Thüre, durch welche man gemeiniglich aus- und
einzugehen pflegt, sondern zum Fenster hinaus;

L 5 und

und wann er in ſeinem Zelte ſtirbt, bringt man ihn auf der dem Eingange gegen über ſtehenden Seite hinaus.

Unterdeſſen, daß man ihn wegbringt, ſteckt eine Frau ein Stück Holz an, und ſchwingt und bewegt ſelbiges hin und her, und ſpricht dabey: Pikſerruk-pok, das heißt: Man wird ihn nicht mehr hier finden. Wann ein kleines Kind ſtirbt, legt man neben deſſen Grab einen Hundskopf; in der Meynung, daß, da die kleine Kinder noch keinen Verſtand haben, dieſer Hund ihnen den Weg zum Lande derer abgeſchiedenen Seelen ſuchen und zei-gen werde.

# Das funfzehnte Capitel.
## Von den Spielen, Luſtbarkeiten, und der Dichtkunſt der Grönländer.

### Verſammlungen, um ſich zu vergnügen, und zu beſchenken.

Die Grönländer haben verſchiedene Spiele und Luſtbarkeiten, deren ſie ſich zum Zeitvertreibe bedienen, wann ſie ſich einander beſuchen, oder, wann ſie nichts zu thun haben. Die vornehmſten dieſer Spiele ſind folgende. Wann ſie zuſammen kommen, um ſich unter einander ein Vergnügen zu machen, fängt die Luſtbarkeit mit einem Gaſt-mahl, oder vielmehr mit einer Freſſerey an; denn,

das

das ist ein grosses Lob vor jemanden, wann seine Mitgäste, bey ihrer Heimkunft von ihm sagen können, daß sein Magen zu klein gewesen, und daß er hätte bersten mögen. Man beschenkt sie bey dergleichen Gastmahlen mit allem, was das Land von niedlichsten Sachen liefern kann, nehmlich: an trocknen oder gekochten Rennthier- und Seehunds-Fleische; an Wallfisch-Schwauze, welchen sie für das allerköstlichste Essen halten; und andern dergleichen Dingen.

### Ihre Lustbarkeiten.

Nach der Mahlzeit stehen sie auf zu spielen, und sich zu vergnügen, und zwar folgendergestalt: Sie haben eine kleine Trommel, welche aus einem hölzernen Reife, oder einer Wallfisch-Ribbe, nebst einem Halse, der mit einer dünnen Haut bezogen ist, besteht. Einer von ihnen schlägt auf diese Trommel mit einem Stocke, und singt ein Lied dazu, welches auf ihre Beschäftigungen überhaupt, oder die seinigen insbesondere eingerichtet ist; und es stimmt ein jeder, sowohl Manns- als Frauens-Personen, zugleich mit ein.

Derjenige, welcher die poßierlichste Geberden dabey machen, aus vollem Halse schreyen, die lächerlichste Stellungen annehmen, den Kopf und die Glieder hin und her drehen, und vor- und rückwärts springen kann, wird als der geschickteste angesehen, weil er denen andern durch seine Possen etwas zu lachen macht.

Sie

Sie verfertigen satyrische Verse auf einander, und singen selbige in ihren Zusammenkünften ab.

Ihre größte Kunst besteht in Verfertigung satyrischer Verse auf einander; da denn derjenige, der seinen Gegner übertrifft, bewundert, und von allen übrigen gelobt wird. Wann jemand einen kleinen neidischen Eifer gegen einen andern hegt, oder einen Groll auf ihn hat, fordert er ihn sofort heraus, und läßt ihm sagen, daß er sich in einer Zusammenkunft, die ihm angezeiget wird, einfinden solle, und daß er in selbiger gegen ihn singen werde. Der andere bereitet sich sodann ebenfalls, um seine Ehre zu retten, auf ein Lied zu, und unterläßt nicht, sich an den bestimmten Ort einzustellen, um sich, wofern jener, ihn anzugreifen, sich unterstehen sollte, zu vertheidigen. Wann sie in der Versammlung erschienen sind, und sich ein jeder niedergesetzt hat, den Ausgang des Streites mit anzuhören und anzusehen, tritt derjenige, der den Angriff thut, zuerst auf, und fängt zu singen an, wobey er seine Trommel in der Hand hält, worauf er zu gleicher Zeit schlägt. Der andere steht sofort auf, und stellt sich dar; schweigt aber still, und hört so lange zu, bis sein Gegner sein Lied geendiget, und alles, was er zu seinem Zweck für dienlich erachtet, gesaget hat.

Alsdenn fängt der Angegriffene, mit eben dergleichen satyrischen Liede, sich zu vertheidigen an, da denn unterdessen der erstere so lange still schweigt, bis dieser seinen Gesang geendiget; und auf diese Art fahren sie alle beyde so lange fort, bis sie sich Lieder einander entgegen zu setzen haben: da denn derjenige, der zuerst zurück bleibt, und nichts zu

erwie-

erwiedern hat, für überwunden gehalten wird. Sie
werfen sich in dergleichen Liedern einander alles,
was sie einer von dem andern wissen, vor, und rächen sich auf solche Art.

Fleiß und Kunst sind zwar nicht im reichen
Maaße, sondern nur gar wenig in ihrer Dichtkunst
anzutreffen: indessen trifft man doch etwas natür-
liches und ungezwungenes darin an. Sie scheint
auch etwas gereimt zu seyn, und der Wohlklang,
und das Sylbenmaaß sind einigermaßen darin beobachtet. Um ein Beyspiel davon zu geben, will
ich einen Grönländischen Gesang anführen, welcher von einem, Nahmens Friederich Christian,
einem Grönländer, welcher ehemahls in unserer
Colonie gewohnet, verfertiget worden ist. Er hat
selbigen bey Gelegenheit des Geburtstages des Cron-
Prinzen Christian, am 30sten des Wintermonats
1729 aufgesetzet:

Vorstimmung, oder Schlußreim, der an
dem Ende eines jeden Absatzes wiederhohlet
wird: Amna aja aja aja aja, u. s. f.

Annigama irsigeik, am-     Diesen Morgen gieng
na aja aja aja aja, u. s. f.     ich aus, und sahe,
Ervallirsullitlarmeta, am-     Daß man Wimpel und
na aja aja aja, u. s. f.     Flagge aufsetzte;
Opellungarsullarmeta,     Und daß man Anstalt
amna aja aja aja, u. s. f.     machte
Erkaiseigamig og, amna     Zu lösen (die Cano-
aja aja aja, u. s. f.     nen.)
Tava orkarbigeik, amna     Ich fragete darauf:
aja aja aja, u. s. f.

Saag

Saag erkaiſoviſe, amna aja aja aja.

Tava akkyanga; aſſuog nellermago

Okiune annivine neller-mago, amna aja, u. ſ. ſ.

Angune tokkopet Kon-gingoromagame, am-na aja aja aja, u. ſ. ſ.

Kingorreis ſommane, am-na aja aja aja, u. ſ. ſ.

Tava ikkingutiga, amna aja aja aja, u. ſ. ſ.

Pitſimik ſennegiluk, amna aja aja aja, u. ſ. ſ.

Kongib imna Niarnganut amna aja aja aja, u. ſ. ſ.

Kongingoromamet, am-na aja aja aja, u. ſ. ſ.

Piſingvoara una, amna aja aja aja, u. ſ. ſ.

Okautigirſaræt ſillakar-tok unnertlugo, amna aja aja aja, u. ſ. ſ.

Tipeitſutigeik, amna aja aja aja, u. ſ. ſ.

Kongingoromamet, am-na aja aja aja, u. ſ. ſ.

Angune - og tokkopet, amna aja aja aja, u. ſ. ſ.

Tipeitſokigogut, amna aja aja aja, u. ſ. ſ.

Warum werdet ihr löſen?

Und man antwortete mir: es wäre (der Tag)

Es wäre der Geburts-Tag desjenigen,

Welcher nach ſeinem Vater König wer-den wird;

Und in der Regierung folgen ſoll.

Hierauf ſagte ich zu meinem Cameraden:

Laßt uns ein Lied ma-chen

Auf den Sohn des Königes;

Denn, er wird König werden!

Mein kleines Lied (ſoll zu ſeiner Ehre ſeyn.)

Es iſt darinn geſagt, daß er ein rechtſchaf-fener Herr ſey:

Laßt uns alſo darüber frölich ſeyn,

Dieweil er unſer Kö-nig ſeyn wird,

Wann ſein Vater ster-ben wird.

Wir freuen uns auch

Attr-

Attatatut affeigalloärpatit amna aja aja, u. f. f.

Pellefille tamaunga innekaukit, amna aja, u. f. f.

Gudimik ajokarfokulligit, amna aja aja, u. f. f.

Torngarfungmut makko innuille pekonnagit, amna aja, u. f. f.

Iblile tameitit neglitfomapaukit

Affeigomarpaukit, amna aja aja aja, u. f. f.

Kivgakomarpautigut,amna aja aja, u. f. f.

Siurlit Karalit kivgarimiaukit

Jvko, amna aja aja, u. f. f.

Humatigautigut, amna aja aja aja, u. f. f.

Nellungikalloarpogut, Kongib Niarnga ajungitfotit

Teimatog ifumariotit, amna aja aja, u. f. f.

Kongib Angutit pekaramifigut

Iblile Kongingoruit namakfimopotit, amna aja aja, u. f. f.

Darüber, daß er uns, wie fein Vater liebet,

Der uns Priefter hieher fendet,

Die uns lehren Gott erkennen,

Daß wir nicht zum Teufel fahren.

Mache du es auch fo; fo wollen wir dich lieben,

Und dich hoch und werth fchätzen,

Und wollen deine Diener feyn!

Unfere Väter waren auch deine Diener,

Ja, fie waren es.

Du haft an uns gedacht;

Wir wiffen es fehr gut. Du, Sohn eines gnädig. Königs!

Du wirft es eben fo machen;

Weil wir vormahls deinem Vater zugehöreten,

Wann du wirft König feyn, wirft du voll Güte feyn.

Tom.

| | |
|---|---|
| Tomaſa pirſaugut, am-na aja aja aja, u. ſ. f. | Alles, was wir be-ſitzen, |
| Piarmapotit makko, am-na aja aja aja, u. ſ. f. | Soll dir ganz gewid-met ſeyn; |
| Karalit illerpeta, amna aja aja aja, u. ſ. f. | Wird Grönland un-terrichtet ſeyn, |
| Gud negligomaparput Kongible nalleklugo, amna aja, u. ſ. f. | Denn liebt es GOtt, und ehrt den Kö-nig. |
| Teipeitſukigiſa, amna aja aja aja, u. ſ. f. | Auf! laßt uns frölich ſeyn! |
| Kongiblo Niarnga, am-na aja aja aja, u. ſ. f. | Und auf des Königs-Sohnes |
| Skaalia immerlugo, am-na aja aja aja, u. ſ. f. | Wohlſeyn trinken! |
| Tave okarpogut! Chri-ſtian innuvit! | Und ſprechen: Es lebe Chriſtian! |
| Nulliello, amna aja aja aja, u. ſ. f. | Und ſein Gemahl! |
| Okiutikit amarleſorſuan-gorlutik, amna aja u.ſ.f. | Gott gebe, daß du lange lebeſt! |
| Frideric..Chriſtian ikin-gutigalo. | (Dies wünſch ich) Frie-drich Chriſtian, und mein Camrad |
| Peder karalinit koekkar-toguk, amna aja aja, u. ſ. f. | Peter, die wir zum erſten in Grönland getaufet ſind. |
| Kannoktok! Ekkarlivut tamakilit makko, am-na aja u. ſ. f. | Mögte doch unſern Lands-Leuten ein gleiches wiederfah-ren! |
| Amna aja, aja,aja,aja, hei! | |

Eine andere Art von Spiel wobey man im Singen einen Tausch oder Kauf-Handel trift.

Sie haben auch noch eine andere Art von
Spiel, wobey man singt. Es besteht darin, daß
man unter einander einen Tausch, oder Kauf-
Handel trifft. Derjenige, der auf seine Trommel
schlägt, und singt, stellt etwas zu Kauf, und
sagt was er davor haben will: worauf einer aus
dem Hauffen, dem die Sache anständig ist, seine
Einwilligung giebt, indem er auf seinen Rücken,
wie auf eine Trommel, schlägt, und dabey singt.
Darauf ist der Kauf geschlossen, und unwieder-
ruflich, es möge nun die Sache dasjenige, was
davor gefordert worden, werth seyn oder nicht.

Spiele, welche unter denen jungen Leuten
gebräuchlich sind.

Es giebt unter denen jungen Leuten ein gewisses Spiel, welches ihnen des Abends zum
Zeitvertreibe dient. Sie haben nehmlich ein
klein Stück Holtz, welches an dem Ende ein Loch
hat. Sie binden einen kleinen spitzigen Nagel
daran, und bemühen sich, indem sie das Holtz
werfen, den Nagel zu erreichen, und in das
Loch hinein zu bringen. Diejenige, welche ihn
zwanzig mahl hinter einander herein bringen können, gewinnen; denen aber, welche es nicht so
weit bringen, macht man so viel schwarze Linien
auf das Gesicht, als ihnen Würfe an der Zahl
der zwanzigen fehlen.

M                    Ein

### Ein anderes ebenfalls unter denen jungen Leuten gebräuchliches Spiel.

Ein ander Spiel ist ohngefähr in eben demselben Geschmack, und in derselbigen Absicht als unsere Karten- und Würfel-Spiele. Sie haben ein Stückgen Holtz, welches an einem Ende spizzig, und worin ein Nagel befindlich ist. Diejenige, welche spielen wollen, setzen sich nieder, und nachdem ein jeder soviel, als ihm gutdünckt, gesetzt hat, drehet einer unter ihnen das Hölzgen mit dem Finger einmahl herum; derjenige, vor dem die Spitze stehen bleibt, hat gewonnen; und zieht alles was die andern auf das Spiel gesetzet haben. Dieses nun wird so lange, als man es für gut findet, fortgesetzet.

Das Kugel-Spiel ist dasjenige, worin sie sich am gewöhnlichsten zu üben pflegen, vornehmlich beym Monden-Schein. Sie spielen selbiges auf zweyerley Art. Nachdem sie sich in zwey Haufen abgesondert, wirft einer von den Spielern die Kugel einem seiner Gesellschafter zu. Die von dem gegen über stehenden Haufen suchen ihm selbige hinweg zu nehmen; und dieses Spiel wird wechselweise unter ihnen fortgesetzet. Die andere Art mit der Kugel zu spielen besteht darin, daß zwey Ziele, in einer Entfernung von drey bis vierhundert Schritt von einander, gesteckt werden. Die Spieler theilen sich ebenfalls in zwey Haufen, wie bey dem vorigen Spiele; sie kommen aber zwischen denen beyden Zielen, gerade in der Mitte, zusammen. Darauf werfen sie die Kugel auf die Erde; und ein jeder sucht sie

mit

mit dem Fuſſe nach dem Ziele hin zu ſtoſſen.
Derjenige, welcher der wachſamſte iſt, ſich der
Kugel bemächtigen kann, und zum erſten an das
Ziel gelangt, hat gewonnen. Auf dieſe Art,
ſprechen ſie, ſpielen die abgeſchiedene Seelen derer
Todten in dem Himmel das Kugel = Spiel, mit
dem Kopfe eines Wallfiſches, wann ein Nord-
licht iſt.

Uebungen zum Beweiſe ihrer Stärke.

Wann Fremde zu ihnen kommen, thut man,
die Nacht und den Tag hindurch, nichts, als
tanzen und ſingen. Und, da ſie einen Eyfer beſitzen, für beherzter und ſtärker, als die andern
gehalten zu werden, legen ſie gegen einander
Proben von ihrer Stärke ab, theils daß ſie ſich
mit den Aermen anſtämmen, theils ihre Aerme,
oder Finger in einander ſchlingen. Derjenige,
der auf dieſe Art den andern an ſich heran ziehen kann, hält ſich für den ſtärkſten.

Die Frauensperſonen, oder vielmehr die Mädgen, haben ein beſonderes Spiel unter ſich, welches ſehr mit dem Tanze übereinkommt. Die eine faßt die andere an die Hand: ſie ſchlieſſen einen Kreis; und lauffen alle insgeſamt, bald vor
bald rückwärts, ſingen dabey Lieder, und nehmen
verſchiedene Bewegungen vor.

# Das sechzehnte Capitel.
## Von der Sprache derer Grönländer.

### Norwegische Wörter in der Grönländischen Sprache.

Die Sprache derer Grönländer scheint mit keiner einzigen derer Europäischen Sprachen, eine Verwandtschaft oder Aehnlichkeit zu haben. Indessen findet man doch darin einige Wörter, welche viel Verwandschaft mit der Sprache derer Norweger haben, welche ehemahls in dem Lande gewohnet haben; und diese Wörter stimmen mit denen aus der Norwegischen Sprache, sowohl in Ansehung der Aussprache, als auch der Bedeutung überein, als: Kona, eine Frau; ein Wort, welches indessen unter denen Grönländern nicht gebräuchlich ist; nerriok, essen, ist aus dem Nörrie derer Norweger gemacht. Die Angelicke, welche in Norwegen Quaun genannt wird, heist in Grönland Quaunck. Der Seefisch, Meerschwein genannt, welcher in Norwegen unter dem Nahmen Nise bekannt ist, heist eben also in Grönland: woselbst arkfer, Asche, von Aſke herkömmt, welches in Norwegen eben die Bedeutung hat. Koilek, eine Lampe, heißt bey denen Norwegern Kolle; und das Norwegische morſe, heist im Grönländischen morſet. Es giebt einige Wörter, welche Aehnlichkeit mit dem

dem Lateinischeu haben, als: Gutta, welches die Grönländer Gutte oder Kutte aussprechen: und bey denen Ignek, Feuer oder Ignis, bedeutet. Ihr Wort Appa, welches die kleinen Kinder ihrem Vater beylegen, kann aus dem Griechischen, oder Hebräischen herstammen.

### Es hat diese Sprache in Ansehung der Tonsetzung ihre Schwierigkeit.

Die Sprache ist schwer, wenn man ihr in der Aussprache den rechten Ton geben soll: denn die mehresten Wörter werden in der Kehle und dem Gaumen hervor gebracht. Eigentlich giebt es nur Eine Sprache in dem ganzen Lande; allein, sie ist in einigen Gegenden, in Ansehung derer Ton-Zeichen (Accente) und der Aussprache, in etwas unterschieden. Dieser Unterschied wird vornemlich gegen Süden bemerket, woselbst man sich einer Menge fremder Wörter bedienet, welche auf der Nordseite, nicht gebräuchlich sind. Die Angekutters hingegen haben eine gewisse Sprache vor sich, wann sie die Zauberey treiben. Sie bedienen sich alsdenn verblümter (metaphorischer) Wörter, oder solcher Ausdrücke, die einen derjenigen Bedeutung, welche man ihnen gemeiniglich beylegt, entgegen stehenden Sinn haben. Die Frauenspersonen haben ebenfalls eine besondere Aussprache. Um mit desto mehrerer Annehmlichkeit zu sprechen, brauchen sie zu Ende der Wörter, an statt eines harten Buchstaben, einen weichen. Sie sprechen zum Beyspiel: am für ap, welches Ja heißt; saving, an statt sauik ein Messer.

M 3

Die

Die Buchstaben c, d, f, q, x, sind in der Grönländischen Sprache nicht anzutreffen; es giebt
aber sehr viel doppelte Mitlauter (Consonans du-
plex,) welche in denen andern Sprachen unbekannt
sind, und verursachen, daß die Wörter, bey welchen sie sich befinden, nicht nach der Art, wie sie
die Grönländer aussprechen, geschrieben werden
können. Uebrigens ist die Sprache sehr regelmäf-
sig. Sie hat ungemein natürliche, und überaus
bequeme Ausdrücke; ihre Wortfügung (Construction)
ist reiner und zierlicher, als man bey einem so wilden Volke hätte vermuthen können. Sie ist sehr
reich an Wörtern und Vorstellungen, in Ansehung
gewisser Dinge; und es sind viele darunter, die man
im Dänischen gar nicht ausdrücken kann; dagegen
aber ist sie auch hinwiederum überaus arm in andern Dingen, vornehmlich denenjenigen, welche
ihnen fremd oder unbekannt sind, und nicht ihre
gewöhnliche Beschäftigungen betreffen. Sie haben
sowohl einsylbige als vielsylbige Wörter, vornehmlich aber vielsylbige.

**Die Beugungen derer Zeitwörter haben viel Aehn-
lichkeit mit dem Hebräischen.**

Ihre Zeitwörter (verba) werden mit Beugungen am Ende abgewandelt, (conjugare) und ihre
Nennwörter (nomen) abgelenket, (declinare) ohne
Beyhülfe eines Geschlechtswortes, (Artickels) wie
bey denen Griechen und Lateinern. Das bey-
ständige Wort, (Beywort, adjectivum) wird allemahl hinter das selbstständige (Substantivum) gesetzet; allein, die Vornennwörter, welche eine Besi-
tzung oder Eigenthum bedeuten, (pronomen pos-
sessi-

ſeſſivum,) ſind an ihren ſelbſtſtändigen Wörtern, wie die am Ende angefügte Fürnennwörter (Suffixa,) bey denen Hebräern, angeſetzet; und die Grönländer haben nicht allein Suffixa der Nennwörter, ſondern auch Suffixa der Zeitwörter. Um die Neubegierde des Leſers zu befriedigen, will ich einige Grönländiſche Wörter anführen, und kürzlich die Wortfügung, und die Beugungen der Sprache zeigen:

| Abwandelung in der einzelnen Zahl. (Singularis.) | Abwandelung in der gedoppelten Zahl. (Dualis.) | Abwandelung in der mehrern Zahl. (Pluralis.) |
|---|---|---|
| Innuk, Mann oder Frau. | Innuk. | Innuit. |
| Anguk, Mann. | Angutik. | Angutit. |
| Arnak, Frau. | Arnek. | Arnet. |
| Niakok, Kopf. | Njakuk. | Niakut. |
| Irſe, Auge. | Irſik. | Irſit. |
| Kingak, Naſe. | Kingek. | Kinget. |
| Kinak, Geſicht. | Kinek. | Kinet. |
| Kannek, Mund. | Kannek. | Karngit. |
| Okak, Zunge. | Okek, | Oket. |
| Kiut, Zahn. | Kiutik. | Kiutit. |
| Kartlo, Lippe. | Karluk. | Kartluit. |
| Siut, Ohr. | Siutik. | Siutit. |
| Nyak, Haar. | Nytkiek. | Nytkiet. |
| Sækik, Bruſt. | Sekkirſek. | Sækkirſet. |
| Iviange, Bruſt der Weiber. | Iviangik. | Iviangit. |
| Tue, Schulter. | Tubik. | Tubit. |

Tel-

| (*Singularis.*) | (*Dualis.*) | (*Pluralis.*) |
|---|---|---|
| Tellek, **Arm.** | Tellik. | Tellit. |
| Ikuſik, **Elenbogen.** | Ikiotik. | Ikiutit. |
| Arkſeit, **Hand.** (Iſt bloß in der mehrern Zahl gebräuchlich.) | Arkſeit. | Arkſeit. |
| Tikek, **Finger, Zeigefinger.** | Tikik. | Tirkerit. |
| Kukik, **Nagel an den Fingern und Zehen.** | Kukik. | Kukit. |
| Nak, **Magen.** | Nerſek. | Nerſet. |
| Innelo, **Darm.** | Inneluk. | Inneluit. |
| Okpet, **Schenkel.** | Okpetik. | Okpetit. |
| Sibbiak, **Hüffte.** | Sibbirſek. | Sibbirſet. |
| Serkok, **Knie.** | Serkuk. | Serkuit. |
| Kannak, **Hintere.** | Kannek. | Kannerſet. |
| Iſiket, **Fuß.** (Iſt bloß in der mehrern Zahl gebräuchlich.) | ' ' | ' ' |
| Kimik, **Ferſe.** | Kimik. | Kimit. |

Die Wortfügung mit denen Vornennwörtern, welche eine Beſitzung bedeuten, geſchiehet folgendergeſtalt:

Iglo, **ein Haus.**

| (*Singularis.*) | (*Dualis.*) | (*Pluralis.*) |
|---|---|---|
| **Ein Haus,** Iglo. | Igluk. | Iglut. |
| **Mein Haus,** Igluga. | Igluka. | Igluka. |
| **Dein Haus,** Iglut. | Iglukit. | Iglutit. |
| **Sein Haus, (des Mannes)** Igloa. | Igluk. | Igloei. |
| **Ihr Haus, (der Frau)** Iglune. | Iglugne. | Iglune. |

**Unſer**

| (*Singularis.*) | (*Dualis.*) | (*Pluralis.*) |
|---|---|---|
| Unſer Haus, Iglout. | Iglogut. | Iglovut. |
| Euer Haus, Iglurſe. | Iglurſik. | Igluſe. |
| Ihr (derer Männer) Haus, Iglocœt. | Iglocœk. | Igloeit. |
| Ihr (derer Weiber) Haus, Iglurtik. | Iglutik. | Iglutik. |

Eben dieſes Wort wird auch mit denen Suffixen der Vorwörter (præpoſitio) mik und nik, mic
mir und nit, (von) mut und nut (an,) me und
ne (über, auf,) und andern Wörtlein, welche mit
dem vorhergehenden Worte, als Ein Wort angeſehen werden, (particulæ enclyticæ) conſtruiret.

| (*Singularis*) | (*Dualis.*) | (*Pluralis.*) |
|---|---|---|
| Dem Hauſe, Iglomut. | Iglugnut. | Iglunut. |
| Meinem Hauſe, Ig-lumnut. | Iglumnut. | Iglumnut. |
| Deinem Hauſe, Ig-lungnut. | Iglungnut. | Iglungnut. |
| Seinem (des Mannes) Hauſe, Igloanut. | Iglovennut. | Igloeinut. |
| Ihrem (des Weibes) Hauſe, Iglominut. | Iglungminut. | Iglominut. |
| Unſerm Hauſe, Iglu-tivnut. | Iglotivnut. | Iglotivnut. |
| Eurem Hauſe, Iglu-ſivnut. | Igluſivnut. | Igloſivnut. |
| Ihrem (der Männer) Hauſe, Igloænut. | Igloænut. | Igloeinut, |
| Ihrem (der Weiber) Hauſe, Iglomingnut. | Iglomingnut. | Iglomingnut. |

M 5       Die

Die Zeitwörter ſind entweder einfach, oder zu-
ſammengeſetzt; und es giebt 5 Abwandlungen derſelben; (Conjugatio) zu denen man noch eine 6ſte
hinzu fügen könnte, welche eine Beugung des verneinenden Zeitwortes (verbum negativum) iſt. Sie
haben 3 Zeit-Beſtimmungen: (Tempora) nehmlich, der gegenwärtigen, (Præſens,) vergangenen,
(Præteritum,) und zukünftigen (Futurum) Zeit:
und 6 Arten der Abwandelungen: (Modus) die
anzeigende, (Indicativus) fragende, (Interrogati-
vus) gebietende, (Imperativus) zulaſſende, (Per-
miſſivus) verbindende, (Conjunctivus) und unbe-
ſtimmte. (Infinitivus.)

Vorbild der einfachen Zeitwörter.

Die erſte Conjugation endigt ſich auf kpok, als
Ermikpok, Er wäſcht ſich. Anglekpok,
Er ſchreibt.

Die zweyte auf rpok, als: Mattarpok, Er
zieht ſich aus. Aularpok, Er geht aus.
Ajokarſorpok, Er lehret.

Die dritte Conjugation endigt ſich auf pok, allein
ſo, daß kein Mitlauter, ſondern ein Selbſt-
lauter (vocalis) vorhergehe, das heißt: ohne
einen vorhergehenden Mitlauter, als: Egi-
pok, Er wirft heraus. Ingipok, Er
ſetzt ſich nieder. Arpapok, Er läuft.

Die vierte Conjugation geht auf ok, oder vok,
aus, als: Pyok, Er empfängt, er erwirbt.
Aſſavok, Er liebt. Aglyok, Er glaubt.

Die fünfte Conjugation endigt ſich auf au, als:
Irſigau, Er ſiehet ſteif auf. Arſigau, Er
iſt ähnlich. Angekau, Er iſt groß.

Die

Die sechste Conjugation des verneinenden Zeitwortes, endigt sich auf ngilak, als: Ermingilak, Er wäscht sich nicht. Mattengilak, Er zieht sich nicht aus. Pingilak, Er empfängt nicht. Egingilak, Er wirft nicht heraus. Irsigingilak, Er sieht nicht steif auf.

Die Beugung mit denen Suffixen der handelnden Person, im Præsenti des Indicativus der ersten Conjugation, welche auf kpok ausgeht, geschieht folgendergestalt:

*Singularis.*

Er wäscht sich, Ermikpok.
Ich wasche mich, Ermikpunga.
Du wäschest dich, Ermikpotik.

*Dualis.*

Zwey waschen sich, Ermikpuk.
Wir waschen uns beyde, Ermikpoguk.
Ihr waschet euch beyde, Ermikpotik.

*Pluralis.*

Sie waschen sich, Ermikput.
Wir waschen uns, Ermigpogut.
Ihr waschet euch, Ermikpose.

Mit denen Suffixen der leidenden Person, geschieht die Beugung folgendermassen:

*Singularis.*

Du wäschest mich, Ermikparma.
Er wäscht mich, Ermikpanga.
Ich wasche ihn, Ermikpara.

Er

Er wäſcht ihn, Ermikpa.
Du wäſcheſt ihn, Ermikpet.
Ich waſche dich, Ermikpaukit.
Er wäſcht dich, Ermikpatit.
Du wäſcheſt uns, Ermikpautigut.
Er wäſcht uns, Ermikpatigut.
Ich waſche euch, Ermikpauſe.
Er wäſcht euch, Ermikpaſe.
Ich waſche ihn, Ermikpaka.
Er wäſcht ihn, Ermikpai.
Du wäſcheſt ihn, Ermikpatit.

*Dualis.*

Ihr beyde waſchet mich, Ermikpautinga.
Die beyde waſchen mich, Ermikpainga.
Wir beyde waſchen ihn, Ermikparpuk.
Ihr beyde waſchet ihn, Ermikpartik.
Sie beyde waſchen ihn, Ermikpæk.
Wir beyde waſchen dich, Ermikpautikit.
Sie beyde waſchen dich, Ermikpatit.
Ihr beyde waſchet uns, Ermikpautigut.
Sie beyde waſchen uns, Ermikpatigut.
Wir beyde waſchen euch, Ermikpauſe.
Sie beyde waſchen euch, Ermikpaſe.
Wir beyde waſchen ihn, Ermikpavut.
Ihr beyde waſchet ihn, Ermikpatik.
Sie beyde waſchen ihn, Ermikpakik.

*Pluralis.*

Ihr waſchet mich, Ermikpauſinga.
Sie waſchen mich, Ermikpanga.
Wir waſchen ihn, Ermikpargut.
Ihr waſchet ihn, Ermikparſe.

Sie

Sie waschen ihn, Ermikpæt.
Wir waschen dich, Ermikpautigit.
Sie waschen dich, Ermikpatit.
Ihr waschet uns, Ermikpausigut.
Sie waschen uns, Ermikpatigut.
Wir waschen euch, Ermikpause.
Sie waschen euch, Ermikpase.
Wir waschen ihn, Ermikpavut.
Ihr waschet ihn, Ermikpase.
Sie waschen ihn, Ermikpeit.

Das verneinende Zeitwort wird auf diese Art gebogen:

*Singularis.*

Er wäscht sich nicht, Ermingilak.
Ich wasche mich nicht, Ermingilanga.
Du wäschest dich nicht, Ermingilatit.

*Dualis.*

Sie beyde waschen sich nicht, Ermingilak.
Wir beyde waschen uns nicht, Ermingilaguk.
Ihr beyde waschet euch nicht, Ermingilatik.

*Pluralis.*

Sie waschen sich nicht, Ermingilet.
Wir waschen uns nicht, Ermingilagut.
Ihr waschet euch nicht, Ermingilase.

Mit denen Suffixen der leidenden Person, werden die verneinende Zeitwörter so, wie die bejahende, gebogen. Zum Beyspiel:

*Singularis.*

Er wäscht mich nicht, Ermingilanga.

Du

Du wäſcheſt mich nicht, Ermingilarma.

### Dualis.

Sie beyde waſchen mich nicht, Ermingilanga.
Ihr beyde waſchet mich nicht, Ermingilagringa.

### Pluralis.

Sie waſchen mich nicht, Ermingilanga.
Ihr waſchet mich nicht, Ermingilauſinga.

Und auf dieſe Art mit allen übrigen.

Das Præteritum und Futurum haben dieſelbigen Suffixa, als das Præſens.

Was die zuſammengeſetzten Zeitwörter anbetrift, ſo bedient man ſich, weil die Grönländiſche Sprache nur ſehr wenig Hülfswörter (verbum auxiliare) hat, verſchiedener Wörtlein (Partikeln,) welche man denen einfachen Zeitwörtern beyfügt, um einen Begriff zu bilden; und welche doch, auſſer der Zuſammenſetzung dieſer Wörter, nicht die geringſte Bedeutung haben. In dem Fall einer dergleichen Zuſammenſetzung, verlieren die einfache Zeitwörter ihre eigene Abwandlung, auf folgende Art:

Wann der Sinn iſt: Man iſt gewohnt, auf dieſe oder jene Art zu thun; ſo wird die Zuſammenſetzung folgendergeſtalt vorgenommen: Aus Ermikpok, Er wäſcht ſich, macht man Ermigarau, Er iſt gewohnt, ſich zu waſchen; aus Kieavok, Er weint, Kieeiſarau, Er iſt gewohnt zu weinen; und aus Aularpok, Er reiſet weg, Aulararau, Er pflegt wegzureiſen.

Glei-

Gleichergestalt, wenn angezeiget werden soll: Er fängt an, etwas zu thun, so sagt man: Ermigiartopok, Er fängt sich zu waschen, an; Aglegiartorpók, Er fängt zu schreiben an; und so bey denen übrigen, in allen Redensarten.

Man bedient sich selbiger auf diese Art nicht allein bey denen einfachen Zusammensetzungen, wo man bloß Eine Partikel zu dem Zeitworte setzt; sondern auch bey denen doppelten, wo zwey und drey Partikeln aneinander gefüget werden, um einen langen und weitläuftigen Gedanken auszudrücken. Alsdenn wird eine grosse Veränderung mit denen Wörtern, oder Partikeln vorgenommen, indem man von ihnen nichts weiter, als die wesentlichen Buchstaben behält, da man hingegen die andern abkürzt, oder gänzlich verändert.

Wann, zum Beyspiel, ausgedruckt werden soll: Er schreitet eilends zur Verrichtung dieser oder jener Sache; als in Aulisáriartoraluarpok, Er begiebt sich eilends auf die Reise zum Fischfang.

Man findet hier drey Zeitwörter an einander gefüget; nehmlich: Aulisarpok, Er fischt; Piártorpok, Er reiset zur Verrichtung dieser Sache ab; und Pinnesuarpok, Er rüstet sich eilends zur Verrichtung.

Gleichergestalt findet man in Aglekkinniarit, befleißige dich, besser zu schreiben, an einander gefüget: Aglekpok, Er schreibt; Pekipok, aufs neue machen, besser machen, und Pinniarpok, sich befleißigen; woraus man Aglikinniarpok, sich befleißigen, besser zu schreiben, macht; und so mit erschiedenen andern.                Ueber

## Ueberſetzung der Glaubens=Artikel, und des Gebeths des HErrn, in die Grön-ländiſche Sprache.

### Erſter Artikel.

*Operpunga Gud - mun Attatavnut, ajuakungitſomut, Killagmik nuuamiglo Sennarlomut.*

### Zweyter Artikel.

*Operpunga JESUS CHRISTUSMUT Ernetua-nut, Nallegautivnut, Annerſamit helligmit Pirſok. Niviarſiamit Mariamit erniurſok; anniartok Pontius Pilatus - mit; Iſekitaurſok, tokkorſok, illirſorlo, aller-nun pirſok. Ullut pingajuane tokkorſonit makitok, Killangmut Kollartok; Angume Gub tellerpiet tun-gane ipſiarſok; terſanga amma tikiytſomaryok, umar-ſullo tokongarſullo auikſartitſartorlugit.*

### Dritter Artikel.

*Operpunga Gub Annerſanut, opertokartoniglo nu-uame; Innungnigllo helligniglo illegeinit, Synderro-nermiglo; Timiniglo umaromartonik, tokkorſublo Kingorna tokkoviungitſokartomik, amen!*

## NALLEKAM OKAUSIA,
### das iſt:
### Das Vater Unſer.

*Attatavut killaugmepotit, akkit uſorolirſuk, Nalle-gavet aggerle; pekorſet Killangme nunametog tamai-kile; tunniſigun ullume nekikſautivuik, piſſarauneta*

aket-

*aketforauta, piſingilaguttog akeetſortivut; Urſennar-*
*tomut piſitſaraunata, ajortomin annautigut; Nalle-*
*gauet, Pirſarlo, uſornartorlo pigangaukit iſukangi-*
*thomun, amen!*

## Das ſiebenzehente Capitel.

### Von dem Handel nach Grönland; und ob man ſelbigen mit einigem Vortheil treiben könne.

#### Worin der Handel nach Grönland beſtehe.

Die Grönländiſchen Waaren, welche zu dem Handel gebraucht werden können, beſtehen bloß in dem Speck und den Bärten des Wallfiſches: in den Hörnern des Narhval, oder Einhorns, und in denen Häuten der Rennthiere, Seehunde, und Füchſe. Anderntheils verlangen die Grönländer von uns Camiſöler oder Hemden von Leinewand, oder weiſſer und rother Wolle mit viereckigen Figuren; Hoſen von eben dergleichen Art; weiſſe, rothe, oder blaue wollene Strümpfe; Meſſer; Handſägen; Nehnadeln; Angel-Haaken; Spiegel, und verſchiedene andere Gattungen von kleinen Waaren; wie auch Bretter; Latten; Kiſten (Coffres); kupferne und meſſingene Keſſel; Blech; zinnerne Schüſſeln; Mulden, und andere dergleichen Dinge, welche ſie ſehr gut bezahlen.

N Anfang-

**Anfänglich war dieser Handel einträglich.**

Anfänglich war jedoch dieser Handel einträglicher, als anjetzt. Denn, weil alle Jahre die Anzahl der fremden Kaufleute zunahm, haben sie die Handlung unter einander vordorben, indem der eine seine Waaren wolfeiler als der andere zu geben gesucht hat, um die Grönländer an sich zu ziehen; daher ist es gekommen, daß dieses Volck, welches zumahl nur sehr wenig Dinge braucht, sich hinlänglich versorgt findet, und sich nicht mehr wie vormahls, Mühe giebt, Waaren in Vorrath zu haben. Indessen ist nicht zu zweifeln, daß, wofern wir uns nur einmahl einzig und allein zu Herren des Handels nach Grönland machten, so wie uns mit Rechte nach denen Gerechtsamen, die der König auf Grönland, so wie auf die andern unter seiner Bothmäßigkeit stehenden Länder hat, zukömmt, dieser Handel nicht eben so vortheilhafft, als der Handel nach irgend einen andern Ort hin, werden müste. Man hat die Probe davon in diesen leztern Jahren gesehen, da Seine Majestät denen fremden Kaufleuten verboten haben, sich in einer gewissen Entfernung denen Grenzen ihrer Colonien zu nähern.

**Die Grönländische Waaren sind vollkommen soviel, als die Isländische und Finnmärckische, werth.**

In der That, wenn man jährlich einen beträchtlichen Nutzen aus einigen Schiffs-Ladungen von Fischen und Wallfisch-Tran, so Finmarck liefert; ingleichen von den Fischen; Wallfisch-Tran, Fleisch

und

nd Butter, so wir aus Island und Ferro be-
ommen, ziehen kann, warum sollte man nicht
uch eben so bey dem Wallfischtran und Bärten, und
ey denen Rennthier- Fuchs- und Robben-Häuten,
u. d. gl. als Waaren, welche von eben so grossen
Werthe, als die Finmärckischen und Isländi-
chen sind, gewinnen können? Die Grönländischen
Produkte sind ehedem von solcher Wichtigkeit,
nd Güte gewesen, daß man sie auf die Tafel
erer Könige von Norwegen aufgetragen hat.
Warum solte Grönland gegenwärtig nicht eben
as von einer gleichen Güte liefern können, wo-
ern man es wieder in seinen vorigen Zustand
ersetzete, welches doch nichts schlechterdings un-
ögliches wäre?

Es wäre gut, wann man die zu Grunde gerichte Wohnplätze derer alten Norweger wiederum
mit Menschen und Viehe besetzete.

Wann man anfienge, die wüsten Plätze, wel-
je vor Alters von denen Norwegern bewohnt
ewesen, wiederum mit Menschen und Viehe zu
esetzen, würden sie ohne Zweifel eben so viel als
Island und Ferro, einbringen, dieweil man da-
lbst eben so fette Weiden, als auf gedachten In-
ln, antrifft. Ich verlange gar nicht, den Stock-
sch- und Lachs-Fang mit auf Rechnung zu stellen,
eil selbiger gegenwärtig, in dem westlichen Theile,
on keiner so grossen Erheblichkeit ist, daß damit
n Handel getrieben werden könnte, unerachtet
ie Grönländer uns versichern, daß nach der
Mittags-Seite zu, eine Menge von schönen
nd grossen Stockfischen gefunden werde.

N 2　　　　Der

Der Wallfiſch = und Robben = Fang könnten groſ=
ſen Nutzen einbringen.

Wenn man ſich aber nach Norden zu auf den
Wallfiſch = Fang und nach Süden auf den Rob=
ben = Fang befliſſe, würde man eben ſo viel und
weit mehr Nutzen davon ziehen, als der Stockfiſch=
und Lachs = Fang in andern Gegenden einbringt.
Vornemlich kann der Robben = Fang ohne groſſe
Unkoſten vorgenommen werden. Es gehört nichts
weiter, als ein Netz dazu, womit man in Grön=
land überall viel Tauſende von dergleichen Thie=
ren fangen kann. Wann dieſes bisher nicht
geſchehen iſt, ſo liegt die Schuld davon einzig
und allein an der Nachläßigkeit, und an dem
Mangel der Zurüſtungen. Kurtz, Grönland iſt
geſchickter, als man glaubt, ſeine Einwohner zu
ernähren: und ſein Handel würde, wofern man
ſich auf eine gehörige Art dazu anſchickte, weit
einträglicher ſeyn, als man ſich einbildet. Ohne
Errichtung einer Geſellſchafft von muthigen und
wohlgeſinneten Mitgenoſſen aber geht dieſes durch=
aus nicht an; denn es iſt unmöglich, daß eine
Privatperſon allein, alle nötige Zubereitungen
ſollte veranſtalten können. Gegenwärtig gehört
dieſer Handel der Haupt = Handlungs = Geſellſchaft.
Ich werde nachher von dem würcklichen Zuſtande
derer Däniſchen Colonien in Grönland Nach=
richt ertheilen.

## Das achtzehnte Capitel.

### Von der Religion derer Grönländer oder ihrem mannigfaltigen Aberglauben.

**Man kann die Grönländer als Naturalisten ansehen.**

Nach der Unwissenheit, darin die Grönländer in Ansehung des Daseyns des Schöpfers, leben, sollte man fast glauben, daß sie Atheisten, oder, besser zu sagen, Naturalisten wären. Denn wann man sie fragete, woher sie glaubeten, daß der Himmel und die Erde ihren Ursprung hätten? wusten sie nichts weiter darauf zu antworten, als daß selbige von sich selbst entstanden wären.

**Indessen glauben sie doch die Unsterblichkeit der Seele, und ein geistiges Wesen.**

Wenn man aber bedenkt, daß sie einen Begriff von der Unsterblichkeit der Seele (*) und von einem andern bessern Leben, als das gegenwärtige sey, haben; daß sie verschiedenen Arten des Aberglaubens ergeben seyn, und ein geistiges Wesen glauben, welches sie Torngarsuk nennen, dem sie eine übernatürliche Kraft und Vermögen, nicht aber das Daseyn der Geschöpfe beylegen, und von dessen Ursprunge

N 3 sie

---

(*) Die Angekutters behaupten, daß die Seelen dermaßen weich anzufühlen seyn, daß sie unfühlbar zu seyn scheinen, und daß man sagen könnte, sie hätten weder Nerven, noch Knochen.

sie verſchiedene lächerliche und ungereimte Fabeln
erzählen; ſo kann man ſich nicht enthalten, anzunehmen, daß ſie eine Art von Gottesdienſte haben,
ob ſie gleich ſelbſt nicht wiſſen, was er ſey; und ſie
ſich, ihrer erſtaunlichen Tummheit wegen, des
natürlichen Lichtes, oder jenes Funckens des bey
ihnen übrig gebliebenen göttlichen Ebenbildes nicht
zu bedienen wiſſen, um einen Schluß auf das
Daſeyn des unſichtbaren Weſens Gottes, aus
ſeinen Werken, welche in der Schöpfung der
Welt beſtehen, zu machen; ſo, daß alle Arten
des Aberglaubens bey ihnen die Stelle der Religion, und des Gottesdienſtes, vertreten.

### Torngarſuk, eine Gottheit bey denen Grön-<br>ländern.

Allein, ohnerachtet alle ihre Arten des Aberglaubens durch ihren Torngarſuk ihr Anſehen erhalten haben, den ihre Angekuten, oder falſche
Propheten, für ihren weiſſagenden Götzen halten,
und den ſie bey allen Gelegenheiten zu Rathe
ziehen; ſo kennen doch die mehreſten Grönländer dieſes vermeynte Orakul nicht weiter; als
bloß dem Nahmen nach. Die Angekuten ſelbſt
haben verſchiedene Vorſtellungen davon. Einige
ſagen, daß er keine gewiſſe Geſtalt habe; und
andere legen ihm die Geſtalt eines Bären bey.
Einige behaupten, daß er groß ſey und nur Einen
Arm habe: nach anderer Meynung iſt er klein,
und bloß eines Fingers lang. Einige geben vor,
daß er nicht ſterben könne; und andere, daß ihn
ein Hauch um das Leben bringen könnte. Sie
geben ihm den vornehmſten Platz auf der Erde

an

an einem Orte, wo beständig schöne Tage und
ein gutes Waſſer, nebſt allerley Wildpret, und
Vögel im Ueberfluſſe, zu finden ſind. Sie wollen
auch, daß er in dem Waſſer ſey; daher geſchieht
es, daß, wann ſie an ein Waſſer kommen, wovon ſie noch niemals getrunken, und ſie einen
alten Mann bey ſich haben, ſelbiger zuerſt davon
trinken muß, um deſſen Torngarſuk, das iſt:
das Böſe, welches in dem Waſſer befindlich iſt,
und wovon die junge Leute Beſchwerlichkeiten
empfinden, und ſterben würden, davon abzuſon-
dern. In der Luft geben ſie ferner vor, iſt ein
Geiſt, Nahmens Innerterriſok, das heißt: Derjenige, welcher verbietet; dieweil er ihnen,
vermittelſt derer Angekuten, gewiſſe Dinge zu
thun, verbietet, wofern ſie ſich wohl dabey befinden wollen. Endlich reden ſie auch von noch einem
andern Luft-Geiſte, den ſie Erloerſortok, das
heißt; Derjenige, welcher das Eingeweide
heraus reißt, nennen. Selbiger ernährt ſich,
von dem Eingeweide derer Todten, welche in den
Himmel gehen. Er ſieht wie ein magerer und aus-
gehungerter Mann, mit hängenden Backen, aus.

### Ein jedes Element hat ſeine Innuá, oder Beherrſcher.

Ein jedes Element hat, nach der Vorſtellung
derer Grönländer, ſeine feſtgeſetzte Innuá, (*)

N 4 das

---

(*) Die Innuá, oder Beherrſcher des Meeres, wodurch
man die See-Menſchen verſteht, werden Kongenſetokit genennet; und man ſagt von ihnen, daß ſie gern die Fuchs-Schwän-
ze

das heiſt ſeine Beherrſcher, oder Herren; aus denen ein Angekkok, ſeinen Torngak, oder beſon-
dern Schutzgeiſt nimmt; denn, ein jeder Angekkok hat ſeinen vertrauten Geiſt, welcher ſich bey
der zehenden Beſchwörung im Finſtern zu ihm
begiebt.

Einige haben ihre verſtorbene Aeltern zum
Torngak: noch andere haben ſich die ihrigen
ſogar aus denen Leuten unſerer Nation auser-
ſehen; und ſie ſagen, daß ſelbige Gewehr loß
ſchieſſen, wenn ſie an den Eingang des Ortes,
wo der Angekkok ſeine Zauberey treibt, kommen. Ich weiß nicht, ob Torngak und Torngarſuk einerley ſeyn; ſoviel iſt mir bekant, daß
eins von dem andern abſtamme. Es lernen aber
die Angekutten vom Torngarſuk ihre ganze
Zau-

---

ze eſſen. Die Ignerſoit ſind See-Zauberer, welche auf der
See-Küſte, und denen Klippen, wohnen. Sie ſollen die Grönländer wegholen, nicht, um ihnen einigen Schaden zuzufügen,
ſondern ſie zu ihren Cameraden zu machen. Die Tunnerſoit
ſind die Berg-Zauberer; und die Ignerſoit, oder Feuer Zauberer, welche darum alſo genennt werden, weil ſie feurig ausſehen, wohnen an dem Strande des Meeres, auf denen ſteilen
Felſen; und dieſes ſind diejenige Luft-Erſcheinungen, welche
wir den Drachen nennen. Die Innuarolit ſind eine Art kleiner Menſchen wie die Zwerge, und halten ſich in dem öſtlichen Theile Grönlandes auf. Die Irkigli ſind ein grauſa-
mes Volck, welches eine Hundes-Schnautze hat, und ebenfalls
in dem öſtlichen Theile wohnt. Die Sillaginſortok; das iſt:
Diejenige, welche den guten Wind blaſen, erlauben denen
Aglertut oder denenjenigen, welche faſten, was ſie eſſen
ſollen. Sie legen der Luft insbeſondere eine Art der Gottheit
bey; denn, ſie fürchten ſich, gewiſſe Dinge zu thun; aus Be-
ſorgniß, wie ſie vorgeben, daß ſie ſich darüber erzürnen mögte.
Aus dieſem Grunde fürchten ſie ſich auch im Dunckeln auszugehen.

Zauberey; und es verhalten sich die Dinge, wie eben gezeigt worden, nach ihrer Einbildung und Erzählung.

### Auf was für Art man ein Angekkok werden könne.

Derjenige, welcher ein Angekkok werden will, muß in einer gewissen Entfernung auf ein Feld gehen, worauf sich niemand befindet: daselbst muß er einen dicken Stein aufsuchen, sich darauf setzen, und den Torngarsuk zu sich ruffen. Dieser stellt sich ohnverzüglich ein, und seine Ankunfft erschreckt denjenigen, der ihn geruffen hat, dermassen, daß er zur Erde niederfällt, und daselbst drey Tage lang todt bleibt; er wird aber wieder lebendig, und kömmt als ein Angekkok, und als ein Weisheits-voller Mann, nach Hause.

### Worin die Weisheit eines Angekkoks bestehe.

Die Weisheit eines Angekkoks besteht vornemlich darin: 1) daß er etliche Wörter über die Kranken hermurmelt, damit sie wieder gesund werden; 2) daß er mit dem Torngarsuk spreche, und von ihm lerne, wie man sich verhalten müsse, wenn man in seinen Unternehmungen glücklich seyn wolle; 3) daß er von ihm erfahre, ob jemand sterben werde; und die Ursach, um deren willen ein ausserordentlicher Tod erfolget, oder sonst ein Unglück vorgefallen ist. Ob gleich aber die Angekuten grobe Lügner sind, und der Erfolg ihre Schwäche, und ihre Unwahrheiten und Blendwerke entdeckt, so glaubt ihnen dieses einfältige und tumme Volk dennoch, und hat Achtung vor sie. Aus

N 5 Furcht,

Furcht, daß ihm etwas übels von demselben wiederfahren mögte, untersteht es sich nicht, demjenigen, was sie sagen, und vornehmlich in Ansehung
dessen, was sie im Nahmen des Torngarnsuk an-
befehlen, sich zu widersetzen.

Sie bilden dem Volke ein, daß sie in den Himmel und in die Hölle reisen können.

Unter andern groben Blendwerken, machen die
Angekutten dieses einfältige und leichtgläubige
Volk weiß, daß, ohnerachtet man ihnen die Hände
und Füsse binde, sie doch in den Himmel reisen
könnten, um zu erfahren, was daselbst vorgehe;
und auf eben die Art auch in die Hölle, das heißt,
unter die Erde, woselbst Torngarsuk seine Wohnung hat. Ein neuer Angekkok muß im Herbste
dahin reisen, weil sie sagen, daß der niedrigste
Himmel, wodurch sie den Regenbogen verstehen,
alsdann der Erde näher sey.

Diese Reise geschieht folgendergestalt: Nachdem
alle diejenige, welche Zuschauer davon seyn sollen,
sich des Abends, wenn die Nacht einbricht, in einem Hause versammlet haben, und ein jeder seinen
Platz genommen, läßt sich der Angekkok mit einer
breiten Binde dergestalt binden, daß er den Kopf
zwischen den Füssen, und die Hände hinten auf den
Rücken hat, nebst einer Trommel neben ihm. Man
verschließt hierauf die Fenster; löscht die Lichter aus;
fängt an, Verse, welche ihre Vorfahren verfertiget
haben, abzusingen; und wann dieser Gesang geendiget ist, hebt der Angekkok seine Zauberey
mit Schreyen, mit Worten, die er hermurmelt, und
mit der Beschwörung des Torngarsuk an, welcher
so-

sodann zu ihm kömmt, und auf eine ganz vernehm=
liche Art mit ihm spricht. Denn, es weiß der
Angekkok seine Stimme dermaffen geschickt nach=
zuahmen, daß alle Anwefende im geringsten nicht
zweifeln, daß es der Torngarfuk fey, der sich mit
ihm unterredet. Unterdeffen arbeitet er an Auflö=
sung seiner Bande, und fährt, wie man
sich einbildet, durch das Dach, und hernach mitten
durch die Lufft hindurch, bis er in den obersten
Himmel angelanget ist, wo die Seelen der Ange=
kut Poglit, das heißt: der vornehmsten Ange=
kutten, verfammlet sind. Er erhält daselbst die
Aufschlüffe, die er zu fordern hat; und diefes alles
geschieht in einem Augenblicke.

Was ein Angekkok Poglit fey, und auf was für
Art man dergleichen werden könne.

Weil die Angekkut Poglit vornehmer und ge=
schickter als die andern sind, müffen sie auch Ver=
hältnißweife mehr ausstehen, ehe sie zu diefer
Würde gelangen. Wann demnach ein gemeiner
Angekkok, ein Angekkok Poglit werden will;
(denn niemand kann dergleichen werden, wann er
nicht zuvor ein gemeiner Angekkok gewesen ist,
und man ihm die Hände und Füffe, wie vor=
mahls, gebunden, und alle Lichter ausgelöschet
habe, damit es stockfinster in dem Haufe fey, und
niemand das, was vorgeht, fehen, und den Be=
trug entdecken könne) tritt sogleich ein weiffer
Bär zur Thüre hinein, beißt den Zauberer in die
groffen Zehe, schleppt ihn mit sich auf die See,
und stürzt sich mit ihm in das Waffer hinein.
Ein Wallroß, welcher sich daselbst zur bestimmten

Zeit

Zeit einfindet, faßt ihn an ſeinen Geburtsgliedern,
und frißt ihn ſowohl als den Bär auf. Einen
Augenblick nachher, werden ſeine Knochen auf das
Pflaſter des Hauſes, woſelbſt die Beſchwörung vor-
gegangen iſt, geworfen; und wann ſie ſich ſämt-
lich daſelbſt beyſammen befinden, kömmt ſeine
Seele aus der Erde hervor, und vereinigt ſich
mit ſeinen Knochen, ſo, daß er das Leben wieder
erhält; und aledann iſt er ein Angekkok Poglit.
Andere Gattung der Zauberer, welche Leute, die
ſie wollen, können ſterben laſſen.

Die Angekuten ſind, bereits angezeigter maſſen, werthgeſchätzt und geehrt. Man liebt ſie eben
ſo, als Perſonen, welche tiefgelehrt, und dem
Volke nützlich ſind. Sie werden von denen, die
Zuflucht zu ihnen nehmen, bezahlet. Es giebt
aber noch eine andere Gattung von Zauberern,
und vornehmlich von alten Weibern, welche man
Illiseerſut nennt, welche ſich einbilden, und die
andern weis machen wollen, daß ſie durch Zaubereyen Leute, denen man übels wolle, könnten ſterben laſſen. Dergleichen Perſonen, oder diejenige,
die man bloß wegen dieſer Art von Zauberey in
Verdacht hat, werden gehaſſet, verfolget, und ohne
Barmherzigkeit dem Tode überliefert; als Weiber,
die der menſchlichen Geſellſchaft gefährlich, und
wie man zu ſagen pflegt, nicht werth zu leben ſind.
Die Angekkuten ſind Aerzte; ſie brauchen aber
ſehr lächerliche Mittel.

Die Angekuten bereden die Grönländer, zu
glauben, daß ſie alle Arten von Krankheiten hei-
len könnten, ob ſie gleich nur ſolche Mittel brauchen,

chen, welche nicht die geringste Heilkräfte besitzen,
als: das Hermurmeln einiger Worte und das Hau-
chen über die Kranken: worinn sie sich gut zu
jener Art falscher Propheten schicken, deren Esa-
ias (*) Erwähnung thut.

Wann jemand von solchen Patienten, über
den sie solchergestalt gemurmelt haben, von ohngefähr gesund geworden, schreiben sie solches sofort
der Krafft ihrer Wissenschaft zu. Bisweilen ver-
fahren sie bey Behandlung eines Kranken folgendergestalt: Sie legen ihn auf den Rücken, und
binden ihm den Kopf mit einer Schnur. Hierauf hebt der Angekkok, mit einem kleinen an
der Schnur befestigten Stocke den Kopf des Patienten auf, und lässet ihn nachher fallen. Bey
jedesmaligen Aufheben spricht er mit seinem Torngak, oder vertrauten Geiste, über den Zustand
des Kranken, um zu wissen, ob er sich wieder
erholen werde, oder nicht. Wenn der Kopf wich-
tig und schwer aufzuheben ist, ist es ein Zeichen
daß der Krancke sterben werde; ist er hingegen
leicht aufzuheben, ist es eine Anzeige, daß er
am Leben bleiben werde. (**)

Man bemerkt nicht, daß sie in einer würcklichen
Gemeinschaft mit dem Teufel stehen.

Bey allen dem aber glaube ich doch nicht, daß
sie in irgend einer würklichen Gemeinschaft mit
dem

(*) Im 8 Cap. im 19 V.
(**) Wann der Angekkok seine Beschwörungen vornimmt,
darf sich niemand den Kopf kratzen, oder schlafen, oder einen
unbescheidenen Wind streichen lassen, denn ein, dergleichen Pfeil,
sprechen

dem Teufel ſtehen; denn, es läſſt ſich dieſes nicht
aus der Natur und Beſchaffenheit ihrer Wiſſen=
ſchaft ſchlieſſen; ſondern, man ſiehet, daß dieſes
nichts weiter, als bloſſe Blendwerke und Betrü=
gereyen ſeyn ohne Würkung und Krafft, und daß
ſelbige in keiner andern Abſicht von den Ange=
kutten vorgenommen werden, als um nur etwas
dadurch zu gewinnen; indem ſie vor ihre viele Mühe
reichlich bezahlt werden. Indeſſen nuß man doch
geſtehen, daß der böſe Geiſt in allen dieſen Arten
des Aberglaubens herrſche, und ſich ſelbiger bediene,
dieſes arme Volk zu hintergehen, und es von der
Beſtrebung nach einer Erkentnis des wahren
Gottes abzuhalten.

Die Angekutten können jemanden, wen ſie
wollen, weis machen, daß er keine Seele habe;
vornehmlich, wann ſich ſelbiger etwas unbaß befin=
det; und ſie rühmen ſich, im Stande zu ſeyn, ihm
eine neue Seele zu verſchaffen, wann man ihnen
nur Bezahlung verſpricht; welches man ſehr gern
zu thun pflegt. Andern ſchreiben ſie bey gewiſſen
Gelegenheiten Regeln vor, nach welchen ſie ſich zu
verhalten haben. Wann, zum Beyſpiel, jemand
in einem Hauſe geſtorben iſt, ſoll man ſich aller
Art von Arbeit eine gewiſſe Zeit lang enthalten.
Vornehmlich müſſen die Verwandten des Verſtor=
benen nicht allein, während einiger Zeit, gewiſſe
Ar=

---

ſprechen ſie, könnte den Zauberer, und den Teufel ſelbſt, um=
bringen. Wann ein Angekkok irgendwo etwas ausgerichtet hat,
iſt es nicht eher, als drey bis vier Tage nachher, erlaubt zu
arbeiten.

Arbeiten unterlassen, sondern sich ausserdem auch gewisser Gerichte enthalten.

### Verhaltungs-Regeln, welche die Angekutten den Kranken, Schwangern, und Kindbetterinnen, vorschreiben.

Wann sich ein Kranker in die Hände eines Angekkok begeben hat, darf er nicht mehr alle Gerichte, welche ihm anständig sind, essen; und dieses beobachten sie dermassen strenge, daß, wann wir ihnen mit gewissen Arten von Arztneyen zu Hülfe gekommen sind, sie uns sofort gefraget haben, was sie essen dürften.

Ehe eine Frau entbunden wird, befiehlt man ihr, sich einige Zeit lang aller Arbeit, wie auch gewisser Gerichte, als des Fleisches, zu enthalten; dasjenige ausgenommen, was ihr eigener Mann mit von der Jagd gebracht hat, und wovon die Eingeweide nicht verletzt sind. In der ersten Woche nach ihrer Entbindung, darf sie durchaus nichts als Fische essen; nachher kömmt sie ans Fleisch, wovon die Knochen diese ganze Zeit über, nicht aus dem Hause getragen werden dürfen. Wann eine Frau zum erstenmahl in das Kindbette kömmt, darf sie weder den Kopf, noch die Leber von Thieren essen; auch ist ihr verboten in freyer Luft zu trinken und zu essen. Sie haben einen besonders vor sie bestimmten Eimer mit Wasser vor sich stehen. Wann jemand von ohngefähr darüber kommt, und Wasser aus diesem Eimer trinkt, so muß das übrige alsofort weggegossen werden. Es darf auch der Mann nicht einige Wochen über, die geringste Arbeit thun, oder einige Art von Verrichtungen vorneh-

nehmen. Gleichergeſtalt darf auch, wann ſich ein
Kranker in einem Hauſe befindet, nicht das geringſte Geſchäft darinn vorgenommen werden. Sie
dürfen nicht mit bloſſem Haupte eſſen oder trinken.
Sie müſſen einen Stiefel von dem einen Fuſſe abziehen, und ſelbigen unter die Schüſſel, worin das
Eſſen befindlich iſt, legen, damit das Kind, wann
es ein Knäbgen iſt, ein guter Robbenfänger werde. So lange das Kind noch ſehr jung iſt, darf
man nicht das Eſſen über der Lampe kochen, noch
ein Feuer dabey anzünden; und was dergleichen
Dinge mehr ſind. (*)

Sie haben verſchiedene Jüdiſche Gebräuche.

Die verheuratete Frauen pflegen ſich, wann ſie
ihre monathliche Reinigung gehabt haben, zu waſchen. Sie glauben dadurch zu verhintern, daß
ihre Männer nicht ſterben. Wann jemand einen
Todten angerührt hat, wirft er die Kleider, welche
er damahls angehabt hat, auf ihn; Dieſerhalb legen ſie beſtändig bey den Begräbniſſen ihre älteſten
Kleider an. So wie ſie in allen dieſen mit den
Juden übereinkommen: ſo haben ſie auch in verſchiedenen andern Dingen jüdiſche Gebräuche, als
daß ſie ihre Jungfrauſchaft beweinen; ſich Maale
auf

(*) Eine Argnak aglertok, das heißt: eine Frau, welche
ſich unter dem Geſetz des Faſtens befindet, kann den Wind
ſtillen. Dieſes bewerkſtelliget ſie folgendergeſtalt: Sie geht hinaus und verſchluckt ſo viel Wind, als ihr möglich iſt. Nachher geht ſie wieder in das Haus zurück, und bläet den ein-
geſchluckten Wind von ſich: worauf ſich der Wind legt. Wann
ſelbige den Regen leckt, hat man bald ein trocknes Wetter.
Man legt ihnen auch noch verſchiedene andere dergleichen Wiſ-
ſenſchafften bey.

auf der Haut machen, und ihre Haare rund umher abschneiden, wie der HErr den Kindern Israel
geboten hat. (*) Wann ich diese und viele andere
Dinge, welche bey ihnen gebräuchlich sind, und
aus dem Judenthum herzukommen scheinen, beden-
ke, trete ich dem Gedanken eines gewissen Schrifft-
stellers bey, welchen er bey Gelegenheit dessen, da
er von denen Amerikanern redet, äussert; daß er
nehmlich unter ihnen so viele Jüdische Gebräuche
gefunden, daß er glaubt, das Volk sey ein Jüdi-
sches Geschlecht, oder vielmehr Abkömmlinge von
den Kindern Israel, welche nach Assyrien geführet,
und nachher in unbekannte Länder zerstreuet worden.

Sie hängen sich gewisse Dinge an den Leib, in
der Meynung, daß ihnen selbige sowohl zur Ge-
sundheit, als auch zur Findung ihrer Nahrung behülflich seyn werden.

Der Aberglaube, welcher in Anhängung gewisser Dinge an den Leib besteht, welche sie Arnoak
nennen, ist sehr gemein in diesen Ländern. Jedoch ist dieses weiter nichts, als ein Stückchen
alt Holz, ein Stein, ein Knochen, der Schnabel
oder die Klaue eines Vogels, oder was sich ein
jeder nach seiner Einbildung erwählt. Sie legen
dergleichen Anhängseln (amuletum) eine übernatürliche Kraft bey, welche im Stande sey, denjenigen, die dergleichen tragen, das Leben zu retten, sie vor Krankheiten, und andere Unglücksfälle,

O                    zu

(*) 3. B. Mos. 19.

zu verwahren, und ihnen eine glückliche Jagd oder Fiſchfang zu verſchaffen.

## Auf was für Art eine unfruchtbare Frau fruchtbar werde.

Um eine unfruchtbare Frau fruchtbar zu ma=chen, nehmen ſie Stücke Sohlen von unſern al-ten Schuhen, und befeſtigen ſelbige an ſich; denn, ſie ſehen uns als ein ſehr fruchtbares Volk, von einer ſtarken und ſehr tüchtigen Natur, an, und bilden ſich ein, daß die Kraft dieſer Natur in ihre Kleider dringe, und bey ihnen dieſelbige Würkun-gen hervorbringen werde.

## Fabel in Anſehung der Schöpfung und des Urſprunges der Menſchen.

Wenn man mit ihnen von der Schöpfung, oder dem Urſprunge aller Dinge ſpricht, wiſſen ſie keine andere Antwort zu geben, als daß ſelbige auf dieſe Art von ſelbſt entſtanden ſeyn. Indeſ-ſen tragen ſie ſich doch in Anſehung deſſen mit ei-ner gewiſſen Fabel. Von der Schöpfung ſagen ſie, daß im Anfange ein Menſch, das iſt, ein Grönländer, aus der Erde gekommen, und daß ſelbige nachher einen Erdenklos fruchtbar gemacht, welcher ihm eine Frau hervorgebracht habe; und daß von ihnen beyden alle übrige Grönländer hervorgekommen. Es kann dieſes als ein Ueber=bleibſel der wahren Nachricht in Anſehung der Schöpfung des menſchlichen Geſchlechtes angeſehen werden. Was uns aber, welche ſie Kablunät, oder Fremde, nennen, betrift, machen ſie eine lä-cherliche Erzählung. Sie ſagen, wie ich oben bereits

reits angeführet habe, (*) daß wir die Abkömmlinge von Hunden wären; daß eine Grönlände-
rinn von einigen Kindern, und einigen Hunden
entbunden worden; daß sie letztere in einen alten
Schuh geleget, und selbige in das Meer geworfen habe, mit den Worten: Gehet hin, und es
entstehen Kablunäten aus euch! Daher, fügen sie hinzu, leben die Kablunäten beständig
auf dem Meere, und sind die Schiffe wie die
Schuhe der Grönländer, das ist: vorn und hinten rund, gestaltet.

### Ursach des Todes der Menschen.

Die Ursach des Todes der Menschen wird einer
Frau zugeschrieben, welche spricht: Tokkorsarlutik
okko pillolit, Sillarsoak rettulisapat, das heißt:
Lasset sie nach einander sterben; sonst würden sie keinen Platz auf der Welt finden!
Andere erzählen die Sache folgendergestalt: Zwey
von den erstern Menschen hatten einen Streit mit
einander, und der eine sprach: Kaut sarlune Un-
nulerlune innuit tokkorsarlutik; das heißt: Laß
den Tag bestehen, laß die Nacht bestehen,
und die Menschen sterben! Der andere sagte:
Unnuinnarlune Kausunane Innuit tokkosinnatik;
Laß bloß die Nacht bestehen, damit kein
Tag mehr sey, und die Menschen leben!
Nach einem langen Streite blieben die Dinge
nach dem Ausspruch des erstern.

O 2 Ur-

---

(*) S. Die Anmerkung auf der 40sten Blatseite.

### Ursprung der Fische und anderer Seethiere.

Man erzählt gleichfalls eine lächerliche Geschichte, in Ansehung des Ursprunges der Fische, und andern Seethiere. Es war vor diesem, spricht man, ein alter Mann, welcher einen Baum hauete, und Späne davon machte, die er zu seinen Füssen streuete. Er warf selbige nachher in das Wasser; und es wurden Fische daraus. Was aber den sogenannten Hayfisch betrift, sagen sie, daß er auf folgende Art entstanden sey: Es wusch einsmahls eine Frau ihre Haare mit Urin; es entstand ein Wind, welcher das leinene Tuch, womit sie sich abtrocknete, hinweg führte; dieses Tuch ward in einen Hayfisch verwandelt; daher kommt es, daß das Fleisch dieses Fisches nach Urin riecht. Von den Hunden erzählt man, daß sie von einem Rasen hervorgebracht seyn.

**Die Grönländer nehmen keinen Unterschied in dem Zustande der Seelen nach dem Tode an; indessen weisen sie ihnen doch zwey verschiedene Wohnungen an.**

Die Grönländer wissen von einem Unterschiede zwischen den Zustand der Seelen nach dem Tode nicht das geringste. Sie glauben, daß sie insgesamt in das Land der abgeschiedenen Seelen gehen, und sich daselbst wohl, und besser als hier, befinden werden. Indessen weisen sie doch denen Seelen einen doppelten Aufenthalt, wohin sie sich nach dem Tode begeben, an. Einige von ihnen gehen in den Himmel, und andere unter die Erde. Letzterer Aufenthalt aber ist der beste. Es ist selbiger ein angenehmes Land, woselbst beständig

schön

schön und helles Wetter, und die Nahrung in
allem Ueberflusse ist. Es wird aber selbiger einzig und allein denen Frauen, welche als Kindbette-
rinnen sterben, und denen, welche in der See,
oder bey dem Wallfischfange ertrinken, aufbehalten.
Er ist gleichsam eine Belohnung für die Beschwerlichkeiten, welche sie in dieser Welt ausgestanden
haben. Alle übrige gehen in den Himmel.

**Torngarsuck und seine Großmutter haben ihren
Aufenthalt in dem Innersten der Erde.**

In dem Innersten der Erde, welches der aller-
angenehmste Ort ist, wohnt Torngarsuk selbst,
mit seiner Großmutter, oder, wie andere behaupten, mit seiner Tochter; einem grausamen und
schrecklichen Weibe. Ohnerachtet von ihr in den
fortgesetzten Berichten von Grönland (*) gesprochen worden, will ich doch gegenwärtig dieselbige Geschichte, oder vielmehr dieselbige Fabel,
wieder anführen, nach deren Inhalt selbige unter
dem Meere, in dem Innersten der Erde, wohnen,
und alle Seethiere, als die Einhörner, Wallrosse,
Seehunde, und andere dergleichen, beherrschen
soll. Das Gefäß, welches unter ihrer Lampe ist,
worin der Wallfisch-Tran, welcher über den Rand
der Lampe hinweg läuft, tropfenweise herunter
fällt, ist mit Seevögeln, welche darin schwimmen,
angefüllt. Die Wache, welche vor ihrer Thüre
befindlich ist, besteht aus einer Menge von See-

O 3 hun-

<hr>

(*) S. die Anmerkung auf der 85 Blatseite.

hunden, welche aufrecht ſtehen, und alle diejenige, welche herein wollen, beiſſen. (*)

Die Angekkuts beſuchen ſelbige nebſt ihrem vertrauten Geiſte, und haben viele Schwierigkeiten zu überſteigen, ehe ſie zu ihr kommen.

Es darf niemand, auſſer die Angekkuts, herein gehen; und hiernächſt müſſen ſelbige auch ihren Torngak, oder vertrauten Geiſt bey ſich haben. Wann ſie zu ihr gehen, müſſen ſie mitten durch alle abgeſchiedene Seelen der Todten hindurch, welche eben ſo ausſehen, als ſie bey ihrem Leben in dieſer Welt ausgeſehen hatten. Wann ſie durch dieſe Seelen hindurch ſind, kommen ſie an einen langen und tiefen Abgrund, über welchen ſie hinweg müſſen, und wozu ſie weiter kein Hülfsmittel, auſſer ein groſſes Rad haben, welches wie Eis iſt, und ſich beſtändig mit einer ungemeinen Geſchwindigkeit herum dreht. Der Geiſt muß dem Angek-

kok

---

(**) Andere ſagen, daß die Schildwache ein groſſer Hund ſey, welcher ein Zeichen giebt, wann ein groſſer Angekkok zu ihr will, und den Eingang verwehrt: ſo, daß der Angekkok die Zeit wohl wahrnehmen muß, wann der Hund ſchläft; denn ſein Schlaf dauret nur einen Augenblick. Die Angekkut-Poglit ſind die einzigen, welche ſich dieſes Zeitpunktes bemächtigen können. Die gemeinen Angekkuts wiſſen damit nicht zurecht zu kommen. Sie müſſen drauſſen bleiben, und unverrichteter Sache wieder zurück kehren. Dieſes grauſame Weib hat eine Hand, welche ſo breit iſt, wie der Schwanz eines Wallfiſches. Wann ſie denjenigen, den ſie damit ſchlagen will, erreichen kann, kann er ſich ſicher zum Tode gefaßt halten. Ein groſſer Angekkok hingegen kann ſie bezwingen, indem er ihr ihren Aglerrutut, welcher über ihrem Geſichte hängt, hinweg reißt. Sie ſieht ſich alsdann gezwungen, alle Seethiere, welche ſie gefangen hielt, los zu laſſen.

kok diesen Schritt zurücklegen helfen. Nachher
kommen sie an einen grossen Kessel, in welchem Seehunde ganz lebendig kochen; und endlich gelangen
sie an die Residenz der Großmutter des Teufels.
Alsdann nimmt der Geist abermahls den Angekkok an der Hand, und führt ihn mitten durch diese
starke Wache der Seehunde hindurch. Der Eingang ist ziemlich breit; der Weg ist so eng, wie
eine Saite, und nicht die geringste Lehne zu beyden Seiten; sondern, man erblickt unterhalb eine
erschreckliche tiefe Klufft, welche denjenigen, der da
hinein fällt, zu verschlingen bereit ist. Innerhalb
des Pallastes hält sich die Göttinn der Hölle auf.
Sie sieht einen sauer und scheel an. Sie nimmt
mancherley Verstellungen des Leibes vor: sie schwitzt
vor Zorn; und reißt sich beym Anblick dieser Gäste,
welche sich ihr nähern, die Haare aus. Hierauf
nimmt sie geschwind den ganz nassen Flügel eines
Vogels, hält selbigen ans Feuer, nimmt ihn nachher wieder zurück, und führt ihnen selbigen unter
die Nase. Sie fallen darnach in Ohnmacht, und
bleiben als ihre Gefangene zurück. Der Zauberer
aber, oder Angekkok, welcher bereits vorläufig von
seinem Torngak unterrichtet ist, faßt selbige sofort
bey den Haaren, und balgt sich so lange mit ihr
herum, bis sie nicht mehr kann; bey welcher Gelegenheit denn ihm sein Schutzgeist grosse Hülfe
leistet.

Der Aglerrutit hängt über dem Gesichte dieses
Teufels-Weibes, und man reißt ihr selbigen hinweg, weil er Schuld ist, daß die Seethiere ihren
gewöhnlichen Aufenthalt verlassen, und sich zu ihr

bege-

begeben. So wie man ihr Haare ausreißt, schwimmen die Wallfische, Seehunde, und übrigen Seethiere und Fische, mitten durch das Wasser davon, und suchen ihre gewöhnlichen Oerter, woselbst sie denn die Grönländer wegfangen. Wann alles dieses vorbey ist, begiebt sich der Angekkok nebst seinem Torngak wiederum nach Hause; und der Weg, der ihm vorher so rauh und schwer war, ist vor ihn nunmehro angenehm und eben geworden.

**Die Seelen der Verstorbenen, welche an diesen Ort des Vergnügens hin wollen, müssen auf dem Rücken dahin glitschen, und über einen hohen spizigen Stein sezen.**

Was die abgeschiedenen Seelen der Verstorbenen betrifft, welche an diesen Ort des Vergnügens gelangen wollen, so finden selbige unter Weges einen hohen und spizigen Stein, über welchen, wie die Angekuten sagen, die Todten auf dem Rücken hinweg glitschen müssen, weil sie durch keinen andern Weg hindurch können; und dieserhalb sieht auch der Stein beständig blutig aus. Hierdurch haben diese arme Leute ohne Zweifel andeuten wollen, daß niemand glücklich seyn könnte, wann er nicht vorher durch Widerwärtigkeit und Unglück gegangen wäre.

Das

# Das neunzehnte Capitel.

## Von der Sternkunde der Grönländer, oder der Vorstellung, die sie von dem Lichte des Himmels, und dessen Ursprunge haben. (16)

### Fabel in Ansehung des Ursprunges des Himmels-Lichtes.

Die Grönländer erzählen verschiedene Fabeln in Ansehung der Sonne, des Mondes, der Sterne, und der Irrsterne, (Planeten) welche, ihrer Vorstellung nach, von ihren Vorfahren herstammen. Es sollen dieses ehemahls Menschen gewesen seyn, welche bey besondern Fällen in den Himmel aufgenommen worden.

Die Geschichte, oder Fabeln, welche sie hiervon erzählen, sind bereits in der Fortsetzung der Grönländischen Berichte angeführet worden. Weil aber der Leser dieses Buch etwa nicht haben könnte, will ich dasjenige, was daselbst gesaget worden, hieher setzen. Von dem Ursprunge der Sonne und des Mondes demnach behaupten sie folgendes: „Der Mond ist „vormahls eine Person männlichen Geschlechtes ge-

D 5

„we-

---

(16) Ein Auszug aus diesem Capitel, unter der Aufschrifft: Etat de l'Astronomie des Grœnlandois, & leur opinion sur l'Origine des astres, tiré de la relation de Grœnlande, par Mr. EGEDE. st. im Journal encycloped. Mars 1756. à Liege, 8vo. S. 43 ; 49. Anm. d. Ueb.

„wesen, und hat Anningait, oder Anningasina
„geheissen; und die Sonne, welche die Schwester
„des Mondes war, hieß Malina, oder Ajut;
„eine Benennung, welche man einem artigen Frau-
„enzimmer, vor welches man Hochachtung hat, giebt,
„als welches man Ajuna nennt." Die Ursach,
um deren willen dieser Bruder und diese Schwester in den Himmel aufgenommen, und Himmels-
und leuchtende Körper geworden sind, wird folgendergestalt erzählt: „Es waren selbige einsmahls in
„einem Hause von Schnee, dergleichen sich die jun-
„gen Leute des Winters zu ihrem Vergnügen zu
„verfertigen pflegen, beysammen; und es fand sich
„daselbst eine starke Anzahl von Knaben und Mäd-
„gen ein. Der Mond, oder Anningait war von
„Liebe gegen seine Schwester, welche bey
„dergleichen Versammlungen gegenwärtig war, ein-
„genommen; und pflegte des Abends alle Lichter,
„in der Absicht um sie liebkosen zu können, auszu-
„löschen. Weil aber seine Schwester ihm nicht zu
„Willen leben wollte, färbte sie sich einsmahl die
„Hände mit Ruß, oder einer gewissen andern schwar-
„zen Materie, um das Gesicht und die Kleider des-
„jenigen, der sich im Dunkeln ihr nähern würde,
„schwarz zu machen, damit sie ihn erkennen könnte;
„und daher, sagt man, kommen die Flecken, welche
„man in dem Monde siehet; denn, weil Annin-
„gait einen schönen weissen Pelz von Rennthier-
„Felle hatte, wurde selbiger an verschiedenen Orten
„schwarz gemacht. Malina, oder die Sonne,
„nachdem sie diesen Streich gespielt hatte, gieng
„hinaus, und wollte ein Stück Mooß anstecken:
„Annin-

„Anningait oder der Mond that desgleichen; allein
„sein Feuer verlöschte sofort; und das ist der Grund,
„warum man ihn bisweilen roth, wie eine glüende
„Kohle, erblickt, und warum er nicht so viel Licht,
„als die Sonne, von sich wirft. Der Mond lief
„hierauf rings um das Haus herum, und verfolgte
„die Sonne, um sich ihrer zu bemächtigen; diese
„aber, um den Liebkosungen ihres Bruders zu ent-
„gehen, schwang sich in die Luft hinauf. Der
„Mond that ein gleiches, um sie zu verfolgen, und
„sie laufen noch bis anjetzt auf die Art alle Tage,
„einer hinter den andern. Indessen ist die Son-
„ne höher, als der Mond." (*)

**Der Mond zieht seine Nahrung aus dem Meere,
und vermischt sich mit den Grönländischen
Weibern.**

Die Grönländer glauben, daß der Mond nöthig habe, herunter zu kommen, und seine Nahrung auf der Erde, und in dem Meere zu suchen,
und daselbst Seehunde zu fangen; ein Gericht,
dessen er von Anfange an gewohnt sey. Die Zeit
betreffend, wann er hernieder steigt, soll es alsdann
geschehen, wann man ihn nicht mehr an dem Himmel siehet. Ferner sagen sie, daß er auch von Zeit
zu Zeit herunter komme, und sich mit den Weibern

(*) Sie sagen, daß sich der Mond in einem Hause nach
den westlichen Theil der Welt zu, aufhalte. Die Sonne hingegen hat ihr Haus in dem östlichen Theile der Welt. Die
Angekuten können, wegen der grossen Hitze, die sie von sich
giebt, nicht bis zu ihr hinauf kommen. Es soll ihr dieses
gar nicht lieb seyn, weil sie auf solche Art von ihnen nicht erfahren kann, was auf der Erde vorgehe, u. s. f.

bern vermiſche; dieſerhalb unterſteht ſich auch keine
Frau auf dem Rücken zu ſchlafen, wann ſie nicht
vorher auf ihre Finger geſpuckt, und ſich den Magen damit gerieben hat. Gleichergeſtalt würden
ſich auch die junge Mädgen nicht unterſtehen, den
Mond lange anzuſehen; weil er ſie ſonſt ſchwän-
gern mögte.

### Die Sonne ergötzt ſich an dem Tode einer Mannsperſon.

Wann eine Sonnenfinſterniß iſt, unterſtehen
ſich die Mannsperſonen nicht, aus ihren Häuſern
zu gehen; und bey einer Mondfinſterniß fürchten
ſich die Frauensperſonen auszugehen, weil man ſich
einbildet, daß der eine das Geſchlecht des andern
haſſe. Wann eine Mannsperſon ſtirbt, nimmt die
Sonne vor Freuden ihre Ohrgehenke, wegen des
Haſſes, den ſie gegen den Mond, welcher ihr Bruder iſt, hat. Im Gegentheil hinwiederum nehmen
die Grönländiſche Weiber, wann ein Knäbgen
gebohren wird, ihre Ohrgehenke, und ſind ungemein
vergnügt darüber, daß ein ſo nützliches Geſchöpf
zur Welt gekommen iſt.

### Urſprung der Sterne.

Was die Sterne betrifft, ſo ſind einige ehedem
Menſchen, andere ſind Seethiere, oder Fiſche geweſen. Die Sterne, welche von einer blaſſen Farbe ſind, eſſen, nach ihrer Meynung, Niere, und
die andern, welche roth ſind, eſſen Leber. Einer
gewiſſen Anzahl von Sternen haben ſie Nahmen
gegeben. Die drey Sterne, zum Beiſpiel, in dem
Gürtel des Orion, heiſſen Siektut, das iſt: Zer-
ſtreuete; denn, dieſes waren vor dieſem Grönländer,

länder, welche sich einsmahls, da sie auf den Robbenfang ausgereiset waren, verirret hatten. Es
war ihnen unmöglich, ihr Land wieder zu finden;
und wurden in den Himmel aufgenommen.

Die Grönländer, welche unter dem 64sten
Grade wohnen, belegen den grossen Bär mit der
Benennung Tugto, das ist: ein Rennthier; in
der Disko-Bucht hingegen, unter dem 69sten
Grade, nennt man selbigen Asselluit, welches der
Nahme eines Holzes ist, woran sie ihre Leine, und
ihren Harpuhn, womit sie die Seehunde schiessen,
befestigen. Den Stier nennen sie Kellukturset,
das heißt: einige Hunde, welche mit einem
unter ihnen befindlichen Bäre zu thun haben.
Sie richten nach diesem Sternbilde die Zeit der
Nacht ein. Iversuk, das heißt: Zwey, welche
auftreten, und nach Art der Grönländer gegen einander singen; diese beyde Sterne sind in
dem Stiere befindlich. Der Aldebaren, oder das
Stier-Auge, wird Nennerroak genannt; das
heißt: das Licht, welches vor zwey Personen,
die gegen einander aufstehen, und singen,
leuchtet. Sirius, oder der Hundsstern, heißt
Nelleraglect, welches ein eigener Nahme im
Grönländischen ist. Dieses Sternbild muß einen Pelz von Rennthier-Felle haben. Die Zwillinge, der Fuhrmann, und die Ziege, heissen Killaub
Kuttuk, das ist: Die Brustknochen des Himmels.

Wenn zwey Sterne sich einander zu begegnen,
oder sich zu vereinigen scheinen, sagen einige, daß
sie sich einander besuchen; andere hingegen, daß dieses

ses zwey Nebenbuhlerinnen seyn, welche mit einander streiten, und sich bey den Haaren kriegen.

### Was der Donner sey.

Von dem Donner erzählen sie, daß zwey alte
Weiber, welche ein kleines Haus in der Luft bewohnen, sich wegen einer dicken, trocknen, und
ausgebreiteten Robbenhaut schlagen und zanken,
weil eine dergleichen Haut solchen Schall, wie
der Donner von sich giebt. So wie sie sich einander schlagen, stürzt das Haus ein, und die
Stücke fallen von allen Seiten herunter; die Lampen werden zerbrochen, und das Feuer fährt hier
und da in der Luft herum. Dieses ist, ihrer
Meynung nach, die Ursach des Donners und
Blitzes.

### Was der Schnee, und der Regen sey.

Nach der Sternkunde der Grönländer dreht
sich der Himmel auf der Spitze eines hohen Ber=
ges herum. Einige wollen, daß der Schnee das
Blut der Todten sey, weil selbiger gleichsam roth
wird, wenn man ihn im Munde hält. Der Regen aber, sagen sie, kömmt von einem Damme,
welcher in dem Himmel befindlich ist. Wann
das Wasser austritt, und überläuft, fällt es auf
die Erde herab.

### Die Grönländer messen die Zeit nach denen Mondswechseln ab.

Uebrigens haben die Grönländer keinen Ca-
lender, und rechnen die Zeit nicht nach Jahren
und Wochen, sondern bloß nach den Mondswech-
seln; und zwar vom Aufgange der Sonne im

Win-

Winter an, wonach sie alle Monathe rechnen, um richtig die Arten der Seethiere, Fische, und Vögel zu wissen, welche sich der Küste nähern; und hiernach richten sie ihre Zurüstungen zur Auffuchung ihrer Nahrung ein.

Das Haar der Berenice wird ein Sternbild.

So lächerlich die bisher angeführten Meynungen der Grönländer, in Ansehung des Lichtes des Himmels, und dessen Ursprunges, sind: so sind selbige doch nicht töhrichter, oder lächerlicher, als die Meynung des Ptolomäus, Königes in Egypten, welcher sich durch seine Sternfundige überreden ließ, daß das Haar seiner Gemahlinn, Berenice, in den Himmel versetzt, und zu einem Sternbilde geworden wäre, welches wir noch gegenwärtig, in unserer Sternwissenschaft, das Haar der Berenice nennen. Es sind selbige nicht ungereimter, als die Vorstellungen der Chineser und Ost=Indianer, in Ansehung der Sonnen=Finsternisse; denn, nach den Berichten von diesen Ländern, glaubt man daselbst, daß ein Zauberer die Sonne zu einer gewißen Zeit hinterschlucke, und hernach wieder ausspeye.

## Das zwanzigſte Capitel.

Von der Fähigkeit und Geſchicklichkeit
des Verſtandes der Grönländer, zur Erkennt=
niß des wahren Gottes, und zur Begreifung
der Chriſtlichen Lehre; wie auch von der Art,
ſelbige dazu noch geſchickter zu machen.

### Ueberhaupt ſind die Grönländer ein einfältiges und achtloſes Volck.

Da die Grönländer von einer ſehr einfältigen,
und unempfindlichen Gemüthsart ſind, be=
ſitzen ſie auch weniger Geſchicklichkeit, eine Sa=
che zu begreifen, und darüber nachzudenken, und
mithin auch die Wahrheiten des Evangeliums,
welche man ihnen verkündigt, zu begreifen; denn,
ohnerachtet es das Anſehen hat, (ich rede von de=
nen Alten) und ſie auch ſelbſt ſagen daß ſie die
Lehre der Prediger billigen, ſo ſind ſie doch ſehr
gleichgültig dagegen. Sie empfinden in der That
den kläglichen Zuſtand nicht, worinn ſie ſich be=
finden; und wiſſen die Gnade, welche ihnen der
Herr wiederfahren läßt, und welche er allen Men=
ſchen in Jeſu Chriſto hat angedeihen laſſen, nicht
nach Würden zu ſchätzen, ſo, daß ſie, einige we=
nige ausgenommen, einen wahren Trieb und eine
Liebe zu dieſen Wahrheiten hätten. Wir ſehen
ſehr deutlich an ihnen, und bemerken mit Weh=
muth, daß der natürliche Menſch nichts vom Gei=
ſte

ste Gottes vernehme, daß es ihm eine Thorheit
sey, und er es nicht erkennen könne. (\*) Bey
dem allen aber sind die Grönländer, welche alles,
wovon man sie überreden will, leicht glauben,
auch in diesem Stück leichtgläubig. Sie glauben
wohl alles, was man ihnen von Gott und Jesu
Christo vorsagt; allein sie glauben es ohne das geringste Nachdenken, und ohne dadurch gerührt zu
seyn; dieserhalb wiederstreiten sie auch nicht; und
es sind gar wenige unter ihnen gewesen, welche
sich ihrer Beurtheilungskraft hinlänglich bedienet
hätten, mit uns die Sache vernünftig überlegen
zu wollen, oder uns Einwürfe zu machen. Da
man solchergestalt mit Leuten zu thun hatte welche wie Kinder, und Blinde waren; ja, ich mögte
wohl sagen, mit Leuten, welche so tumm wie das
Vieh waren: so muste man auch mit ihnen wie
mit Kindern umgehen, und ihnen die Christlichen
Wahrheiten auf die allereinfältigste Art beybringen;
welches auch, Gottlob! bey einigen nicht ganz
fruchtloß gewesen, bey denen wir wahrgenommen haben, daß die Krafft des Geistes den Trieb
und die Liebe zum Guten gewirket: ohnerachtet
alles dieses im Grunde noch gar schwach und
unvollkommen ist, wie man aus denen Berichten
des vorigen Jahres ersehen kann.

Man muß bey ihrem Unterricht mit den irdi-
schen Dingen den Anfang machen.

Es ist eine gewisse und unwidersprechliche War-
heit, daß ein ungesittetes und wildes Volck erst

P		zu

(\*) 1 Cor. 6, 14.

zu vernünftigen Menſchen gemacht werden müſſe,
ehe man Chriſten aus ihnen bilden könne.  Man
muß allemahl bey den irdiſchen Dingen den Anfang machen.  Dieſes hat uns unſer Erlöſer,
Jeſus Chriſtus, ſelbſt empfohlen, indem er uns
die Geheimniſſe des Reiches Gottes unter Bil-
dern vorſtellt.  Man muß erſt alle diejenige Dinge, welche die Bekehrung dieſes Volcks hintern,
oder, welche es wenig geſchickt machen, die Chriſtliche Lehre anzunehmen, aus dem Wege räumen,
ehe man einigen Nutzen unter ihnen ſtiften kann.

**Man könnte ſie zu einer ruhigern Lebensart
gewöhnen.**

Wenn man die Grönländer zu einer ruhigern Lebensart vermögen, und ſie von jener arbeit-
ſamen und umherziehenden Art zu leben abbrin-
gen könnte; ſo würde dieſes nicht wenig zu ihrer
Bekehrung beytragen.  Dazu könnte man aber
nicht anders gelangen, als wenn man eine gewiſſe Anzahl Chriſten unter ſie ſetzete, welche ſolche
Oerter, die angebauet werden können, und wo
man Viezucht treiben kann, bewohneten.  Die
Grönländer könnten es eben ſo in dergleichen
Gegenden machen, und ſich nach gerade im Stande befinden, ihre Nahrung auf eine ruhigere Art
zu ſuchen und zu finden.

**Man muß ihnen alle töhrichte Arten des Aber-
glaubens benehmen.**

Man müſte ſie ferner unter einer gewiſſen Vor-
ſchrifft, oder Zucht halten, ſo daß man ihnen jene töhrichte Arten des Aberglaubens unterſagete
und benähme, nebſt der Vorſtellung, die ſie von

der

der Wissenschaft ihrer Angekuten haben, wie
auch denen daraus entspringenden Folgen; so, daß
sie sich nicht selbst in allen Stücken führen dürften.
Meine Absicht ist aber hierbey gar nicht, sie zur
Annehmung der Religion zu zwingen, sondern,
bloß gelinde Mittel zu gebrauchen. Man muß
indessen gestehen, daß die Christliche Ordnung
und Zucht, in der Kirche selbst, kein schwaches
Hülfsmittel seyn, den Dienern des göttlichen Wortes Eingang und Seegen zu verschaffen, und
Früchte der Bekehrung und Erbauung bey ihren
Zuhörern hervorzubringen: mit wieviel mehrern
Grunde wäre es nicht schicklich, selbiges allhier,
soviel als möglich wäre, anzubringen, und was
könte man sich nicht vor Nutzen und Erbauung
davon versprechen!

**Die erste Frucht, welche man erwarten kann,
ist von Seiten der Jugend.**

Da man aber von Seiten der Kinder und der
Jugend die vornehmste Frucht erwarten kann so
müßte man solche Maaßregeln nehmen, damit
selbige gleich von Anfange in der Christlichen
Lehre erzogen würden. Ein Mittel, welches
Gott gewißlich seegnen würde, theils, weil selbige überaus lehrbegierig, theils auch nicht dem
Laster, oder sonst einer groben Sünde ergeben
sind. Es fehlt ihnen auch gar nicht an gewissen Natur = Gaben; denn, ich habe gemerkt, daß
sie eben so geschickt, wie unsere eigene Kinder
seyn, dasjenige, was man sie lehrt, zu begreifen.

Sie

Sie koͤnnten leicht aus ihrem Elend, und ihrer
Unwiſſenheit geriſſen werden.

Wenn nun hierzu noch die Gnaden-Gaben
vermittelſt eines beſtaͤndigen und einfaͤltigen Unter-
richts hinzu kommen, wer koͤnute alsdenn an dem
Fortgang zweifeln, den ſie in dem Glauben, und
in den Chriſtlichen Tugenden gewinnen wuͤrden? Indeſſen wuͤrde es durch die Gnade Gottes etwas
leichtes ſeyn, dieſes einfaͤltige und unſchuldige Volck
aus ſeiner Unwiſſenheit heraus zu reiſſen, wenn
diejenige, denen Gott die Guͤter dieſer Welt ver-
liehen hat, aus Chriſtlichen Geſinnungen den klaͤg-
lichen Zuſtand ihres Naͤchſten zu Herzen naͤh-
men, und etwas von ihrem Ueberfluſſe, zur Anle-
gung der Schulen, oder einiger anderer noͤthiger
Einrichtungen in dem Lande, beytragen wollten.

**Der Koͤnig widmet jaͤhrlich ein betraͤgtliches Ca-
pital zur Unterhaltung der Groͤnlaͤndiſchen
Mißion.**

Es iſt zwar wahr, daß der Koͤnig, vor die
Ausbreitung des Evangeliums, und vor die Ehre
der Kirche Gottes, ſich bisher die Groͤnlaͤndiſche
Mißion angelegen ſeyn laſſen, und noch gegen-
waͤrtig ſeyn laͤßt; indem er alle Jahre ein betraͤgt-
liches Capital zur Unterhaltung dieſer Mißion widmet; welches ohnfehlbahr den Seegen des Herrn
auf Se. Majeſtaͤt, und auf das Koͤnigliche Haus,
bringen muß: allein, da ein groſſer Theil des
Geldes, welches der Koͤnig hergiebt, zur Aufmun-
terung des Handels, ohne welchen die Mißion
nicht beſtehen koͤnnte, angewendet werden muß
ſo bleibt nichts uͤbrig, wovon die Koſten beſtritten
wer-

werden könnten, welche die Mißion insbesondere,
oder die Bekehrung der Heiden, betreffen, welche
gegenwärtig in der Unterhaltung sechs Mißionäre,
einiger Catecheten, und einiger Grönländischer
Kinder in denen neun Colonien, die im Jahre
1758 vorhanden sind, bestehen. Auch hat man
bisher die Grönländer, und ihre Kinder nicht
anders, als, so zu sagen, nur bey Gelegenheit,
wann sie zu uns gekommen, oder wir bey ihnen
gewesen sind, in dem Worte Gottes unterrichten
können. Da aber dergleichen Gelegenheiten selten
vorfallen, und wir, wann wir kaum den Anfang gemacht haben, genöthigt sind, selbige wieder ihrer eigenen Führung, wie zuvor, zu überlassen, so darf
man sich gar nicht verwundern, wann unsere Un-
terweisungen in allen verflossenen Jahren so wenig
Nutzen geschafft haben; indem sich ausser hundert
und einigen kleinen Kindern nicht mehr, als
zwanzig oder dreyßig erwachsene, oder zu vernünftigen Jahren gekommene Personen gefunden haben, welche in ihrem Unterrichte so weit gekommen, daß sie die heilige Taufe haben empfangen
können. Wann wir keine Schulen, oder andere
tüchtige Anstalten unter uns haben, was können
ein oder zwey Priester in dem ganzen Lande aus-
richten? und wann selbige auch ein oder zweymahl
im Lande umher reiseten, um daselbst, so zu sagen
in der Eile, zu predigen? Wir finden, daß es
die Apostel Jesu Christi dabey nicht haben bewen-
den, das heißt, sich daran nicht begnügen lassen,
das Wort des Herrn an allen Orten zu predigen;
sondern, sie verordneten und bestelleten Lehrer,

oder Catecheten nach ihnen, an denen Oertern,
wo jemand den Glauben angenommen hatte, oder
ſelbigen annehmen zu wollen bezeugete. Verführe
man auf eben dieſe Art auch in Grönland, wer
würde alsdenn wohl, einen weit glücklichern Erfolg und Fortgang davon zu erblicken, zweifeln
können?

Ich beſchlieſſe hiermit meine kurze Beſchreibung von Grönland, weil ich den Stoff, ein
mehreres davon anzuführen, nicht bey der Hand
habe; und überlaſſe der Beurtheilung und Prü-
fung eines jeden, zu entſcheiden, ob Grönland
ein gutes und vortheilhaftes Land, oder, ob es
ſchlecht und unvortheilhaft ſey: desgleichen, ob deſſen Einwohner glücklich, oder unglücklich ſeyn?
Wann man die Dinge gehörig gegen einander
hält, kann man ſowohl das eine als das andere
in gewiſſer Abſicht behaupten. Grönland ſcheint
ein armes und elendes Land zu ſeyn, wenn man
bedenckt, wie nicht allein deſſen gröſter Theil, oben
gezeigter maſſen, mit beſtändigen Eiſe und Schnee,
welche niemahls ſchmelzen, bedeckt, und mithin
gänzlich unbrauchbar, ſondern auch das übrige an
der See-Küſte belegene wüſt und unbewohnt iſt.
Wann man nun gleich jenen erſtern Zuſtand nicht
abändern oder verbeſſern kann, ſo kann doch wenigſtens in Anſehung des letztern eine Veränderung vorgenommen, und ſelbiger vielleicht verbeſ-
ſert, und in ſeinen urſprünglichen Zuſtand der
Fruchtbarkeit wieder verſetzt werden; ſo, daß in
dieſer Abſicht das Land mit Recht als gut und
ſehr nützlich angeſehen werden kann, wenn man

*die*

die alten Wohnplätze wieder herstellt, und aufs
neue bevölkert: wozu man auch noch die Reichthümer und Vortheile der Grönländischen Meere,
welche gar unerschöpflich sind, rechnen kann.

Ich komme von dem Lande auf die Einwohner.
Man kann nicht umhin, selbige mehr unglücklich
als glücklich zu nennen, dieweil sie nicht die Kenntnis des wahren Gottes haben, und übrigens, dem
äussern Ansehen nach, ein armes und elendes Leben zu führen scheinen. Es ist unstreitig, daß
die Kentnis des wahren Gottes die erste Glück-
seligkeit ausmache, welche ein Land oder ein Volk
geniessen kann; denn, Menschen ohne die Erkenntniß Gottes, sind recht beklagens würdige Geschöpfe.
Weit unglücklicher sind indessen diejenige, welche
zwar Gott erkennen, aber ihn nicht anbeten, und
ihm nicht gewissenhaftig nach seinem heiligen Worte, und nach seinem Willen, den er offenbahret
hat, dienen. In der That, wenn man das Leben
der Grönländer mit dem Leben derer meisten
Völker, welche man Christen nennt, vergleicht,
so wird das Leben der erstern, an dem Tage des
Gerichts, den Wandel dieser letztern beschämen;
denn, ohnerachtet die Grönländer gar kein Ge-
setz haben, so üben sie doch von Natur einige
Wercke des Gesetzes aus. Sieht man hingegen
die Leidenschaften an, welche unter den mehresten
Christen herrschen; ihre überaus grosse Hoffart;
ihre wollüstige Lebensart; ihre Verschwendung;
ihre Feindschaften; die Fallstricke, die sie einander
legen; und unendlich viel andere grobe Laster:

was kann man wohl anders daraus ſchlieſſen, als
daß ſie gar ſehr entfernt ſind von dem Leben, das
aus Gott iſt; und daß ſie mithin recht unglücklich
ſeyn, an ſtatt daß die Grönländer ein natürli-
ches, und, ſo zu ſagen, unſchuldiges, und einfäl-
tiges Leben führen? Ihre Leidenſchaften und Be-
gierden erſtrecken ſich nicht über die Bedürfniſſe
des Lebens hinaus. Sie wiſſen weder von Ver-
ſchwendung, noch Hoffart, etwas; ſie haſſen
oder verfolgen ſich einander nicht; ſie meſſen ſich
weder Gewalt noch Herrſchaft über andere bey;
kurtz, ſie ſind mit ihrem Stande und Lebensart
zufrieden, und werden von keinen unnützen Sorgen gequälet. Iſt das nicht eine groſſe Glückſee-
ligkeit? O, glückliches Volk! Was kann man in
Anſehung zeitlicher Dinge dir wohl wünſchen, was
du nicht bereits haben und beſitzen ſollteſt? Haſt
du gleich keine Reichthümer, ſo drückt dich doch
auch keine Armuth! haſt du gleich keinen Ueberfluß, ſo leideſt du doch auch keinen Mangel! erblickt man gleich bey dir weder Pracht noch Herr-
lichkeiten, ſo weiß man doch auch bey dir von
keiner Verachtung! giebt es gleich unter dir keine Edelleute, ſo giebt es doch auch keine Sclaven!
Ey! was iſt wohl ſüſſer, als die Freyheit? und
glücklicher, als ſeine Nothdurft zu haben? Aber
noch Eins fehlt dir: nehmlich, das Erkentniß
Gottes, und ſeines Sohnes, Jeſu Chriſti, unſers
Heilandes, worin allein das ewige Leben, und
die Seeligkeit beſtehet! Eben dieſes iſt es, was
man dir durch die Predigt des Evangeliums anbietet!

Mögte

Mögte doch Gott, der da hieß das Licht aus
der Finsterniß hervor leuchten, einen hellen Schein
in eure Herzen geben, zur Offenbahrung der Erkentniß der Klarheit Gottes in dem Angesichte
Jesu Christi! (*) Er wird eure Seelen von der
Sünde und von der Knechtschaft des Satans erlösen, so, wie eure Körper von der leiblichen
Sclaverey frey sind; und ihr werdet in allem Er-
lösete des Herrn, sowohl der Seele, als dem Leibe nach, seyn! Amen! —

(*) 2 Cor. 4, 6.

# Zustand
## der Dänischen Colonien
# in Grönland,
### im Brachmonathe 1762.

Die Königlich - Dänische Haupt - Handlungs-
Gesellschafft, genießt gegenwärtig der aus-
schliessenden Freyheit, vorzüglich vor jeden andern,
er sey ein Untertha des Königs, oder ein Fremder, den Handel der Dänischen Colonien in Grönland, unter Verwaltung des Herrn Baron von
Dehn, Ritters des Elephanten-Ordens, Königlichen Staatsministers, u. s. f. als Vorstehers
gedachter Compagnie (**) zu treiben. Die Herren Direktoren sind: Herr Oluf Black, Staatsrath, und erster Direktor; Herr Joost von Ham-
mert, Staatsrath, und Direktor; Herr Peter
Borre; Hof-Agent, und Direktor; Herr Skib-
sted, Kaufmann, und Direktor; und Herr A.
C. Ustrech, Direktor, und Ober-Vorsteher des
Seevolkes.

Die ersten Bedienten dabey sind gegenwärtig
Herr Thomas Jensen, Buchhalter und Cassirer
der

(**) Gegenwärtig führen diese Verwaltung Se. Excellenz,
der Herr von Ahlefeld, Finanz-Minister.

der Compagnie; Herr N. C. Geelmunyden, erster Kaufmann der Grönländischen Affairen, welcher die Ausrüstungen der Schiffe zu besorgen hat; Herr D. C. E. Wulff, Faktor.

Die Colonien sind: 1) Friedrichshaal, liegt ohngefähr 61 Grade, 46 Minuten; wird von einem Kaufmann, einem Assistenten, und Consorten bewohnet. Von der Mission befindet sich daselbst ein Missionär, und ein Catechet.

2) Friskenässet, 63 Grade, ist von einem Ober-Assistenten, und Consorten besetzt. Die Herrnhuter oder Mährischen Brüder haben allhier eine Gemeine, Nahmens Lichtenberg.

3) Godhaab, 64 Grade, 14 Minuten; ist von einem Kaufmann, zwey Assistenten, und Consorten besetzt; und von der Mission, mit einem Missionär, und zwey Catecheten. Auch haben die Mährischen Brüder hierselbst gleichfalls eine Gemeine.

4) Sukkertoppen, 65 Grade, 44 Minuten ist mit einem Kaufmann, einem Assistenten und Consorten, und von der Mission, mit einem Catecheten besetzt. Im 1763sten Jahre wird man einen Missionär-Priester dahin schicken.

5) Hol-

5) Holsteinsburg, und

6) Amerlok, 66 und 67 Grade, mit einem Kaufmann, einem Assistenten, und Consorten besetzt. Von der Mission, sind ein Missionär und Catechet daselbst.

7) Egedesminde, 68 Grade, 10 Min. mit einem Kaufmann, einem Assistenten, und Consorten besetzt.

8) Christianshaab, und

9) Claushavn, 68 Grade, 34 Min. mit einem Kaufmann, einem Assistenten und Consorten besetzt: Von der Mission hält sich ein Missionär, und ein Catechet daselbst auf.

10) Jacobshavn, 68 Grade, 48 Min. mit zwey Assistenten und Consorten besetzt. Hat einen Missionär.

11) Ritenbenk, 69 Grade, 32 Min. mit einem Kaufmann, einem Assistenten, und Consorten; und von der Mission, mit einem Missionär, und einem Catecheten, besetzt.

12) Nordsoack, 71 Grade, 6 Min. mit einem Kaufmann, einem Assistenten, und Consorten besetzt.

Die

Die Geiſtlichen gehören unter das Collegium de curſu Evangelii promovendo; die andern aber ſtehen insgeſamt unter der vorerwähnten Königlichen Compagnie. Herr Egede, Profeſſor der natürlichen Gottesgelahrheit, iſt Inſpector und Probſt der Kirchen in Grönland, welche aus ſechs Miſſionären und 12 Catecheten beſtehen.

Einige von denen Kaufleuten und Aſſiſtenten haben Grönländerinnen geheuratet; und diejenige, welche bereits hier, ehe ſie nach Grönland gegangen, geheuratet hatten, nehmen gemeiniglich ihre Frauen mit ſich.

Der Wallfiſchfang vor die Holländer, Hamburger, und andere Völker, iſt in dem Jahre 1762 nicht ſehr einträglich geweſen; dagegen aber hat der Robbenfang viel eingebracht.

Es gehen von Coppenhagen gemeiniglich vier Schiffe auf den Wallfiſchfang, und fünf, oder ſechs auf den gewöhnlichen Handel aus.

Auf den Wallfiſchfang hat man im 1762ſten Jahre keine Schiffe abgeſchickt, und wird auch im 1763ſten Jahre keine abſenden.